한국에 외교가 있는가

한국에 외교가 있는가

한승주

올림

아내에게

차례

4 북핵은 해소될 것인가
북핵 문제와 강대국 외교

가마귀 싸우는 골에 백로야 가지 마라
성낸 가마귀 흰 빗츨 새오나니
청강에 좋이 시슨 몸을 더러일까 하노라

고려말의 충신 정몽주의 어머니가 쓰러져가는 고려의 운명을 회복시키려고 이방원과의 회합에 참석하러 가는 아들을 위하여 지은 것으로 전해지는 시조이다. 정말로 정몽주 어머니의 작품인지는 확인할 길이 없으나 군자가 정권 찬탈의 음모를 꾸미는 무리와 어울리지 말라는 어머니의 마음은 잘 나타나 있다.

정몽주는 자신의 안전이 위태로운 것을 알면서도 이방원의 잔치에 참석하여 목숨을 잃는 변을 당하였다. 그가 잔치에 참석한 것은 본인 개인의 선택이었다. 왕조에 대한 충성심, 나라를 위하는 마음, 개인의 자존감, 이 모든 것이 작용했을 것이다.

그러나 개인이 아닌 나라의 운명이 위태로운 처지에 처하게 될 때는 국력을 모두 동원하여도 그 운명을 바꿔놓기가 어려울 것이다. 지금 우리가 한국이라고 부르고 19세기 말까지는 조선(朝鮮)이라고 부르던 우리나라는 과거 몇천 년의 시간에 걸쳐 '싸움하는 까마귀 골'이라는 지정학적(地政學的) 환경 속에서 생존을 유지해야 하는 위태로운 운명에 처하여 있었다.

지정학적으로 볼 때, 한국은 숙명적으로 강하고 야심 있는 주변국들의 지배와 찬탈의 대상이 되어 왔다. 19세기 말, 한국을 지배하고 한국에 영향력을 확보하기 위하여 중국과 일본은 전쟁을 치르는 것도 마다하지 않았다. 청나라와 일본 제국이 조선의 지배권을 놓고 1894년 7월 25일부터 1895년 4월까지 벌인 청일전쟁(淸日戰爭)이 그것이었다.

20세기에 들어와 한국은 35년간 일본의 식민 통치를 겪어야 했다. 1945년 한국이 일본으로부터 해방된 이후 미국과 소련은 한국의 통치 방법에 합의를 보지 못하고 남북한의 분단 지배라는 편법을 선택하였다. 한국의 분단은 한국전쟁이라는 민족상잔(民族相殘)을 불러왔고 그 과정에서 미국과 유엔 그리고 중국이 이 땅에 대규모의 군대를 파견하여 군사적으로 충돌하는 결과로 이어지기까지 했다. 전쟁의 인명 피해가 각국의 국민을 합치면 200만 명이 넘는 것으로 추산되고 있다.

1953년, 3년 넘게 계속된 전쟁이 승패가 불분명한 상태에서 휴전에 들어가자 남한은 미국을 주로 하는 서방권과, 북한은 소련을 수반으로 하는 공산권과 제휴하여 서로 경쟁하는 동맹체제에 들어가게 되었다. 한반도에는 이념적, 군사적으로 경쟁하는 미국과 소련 두 진영의 경계선이 그어졌다. 결국, 휴전선이라는 이름의 이 경계선은 세계의 냉전과 군사 경쟁의 최전방이 되었다. 그 결과로 한반도는 대한민국과 조선민주주의인민공화국이라는 두 나라로 분단되어 현재까지 2차 대전 이후 세계에서 가장 오래 분단 상태를 유지하고 있다.

1991년 소련 제국이 몰락하고 미소(美蘇) 간의 양극(兩極)적 냉전 체제가 종식되었으나 북한은 서둘러 핵무장을 진행시켰고, 남한은 미국과의 동맹 관계를 유지하면서 남북 간의 경쟁과 긴장의 관계가 지속되고 있다.

중국은 21세기에 들어와 시장경제에 적극 참여하여 경제적 부(富)를 축적하고 군사력을 강화함으로써 아시아 지역은 물론 세계에서의 영향력을 증대하고 있다. 그 결과 미국과의 경제적, 군사적 경쟁국으로 부상하게 되면서 한반도는 또다시 미국과 중국이라는 두 강대국의 경쟁 상황에서 그 영향의 지배를 받아야 하는 처지에 놓이게 되었다. 즉, 남한과 북한 모두가 미국과 중국과의 관계를 어떻게 조율할 것인가 하는 커다란 문제에 직면하게 되었다.

우리는 일상생활에서 '외교' 또는 '외교적'이라는 말을 많이 쓴다. 외교라는 말은 때로는 긍정적인 의미를 갖기도 하고 때로는 부정적인 뜻을 갖기도 한다. 긍정적으로 쓸 때는 인간과 인간, 국가와 국가가 합의와 협상을 통해서 분쟁이나 분규를 극복하고 협력하여 공동과 상호의 이익을 취한다는 뜻이 될 것이다.

언변이 좋고 많은 사람과 좋은 인간관계를 유지할 수 있는 사람을 '외교적'이라고 부르기도 한다. 반면 외교적이라는 말이 긍정보다는 부정적인 것을 의미할 때도 있다. 어디인지 솔직하지 못하다든가, 말과 약속이 행동과 이행에 앞서서 신뢰하기 어려운 사람을 지칭할 때 쓰는 말이기도 하다.

국가 간의 좋은 외교는 어떠한 외교를 의미하는 것일까? 상식적으로 볼 때 서로 신뢰할 수 있고, 분규가 있더라도 전쟁이나 강제력을 통하지 않고 상호 이해와 설득에 기초하여 한쪽이 지고 다른 쪽이 이기는 윈-루즈(win-lose)보다는 서로에게 이익이 되는 윈-윈(win-win) 결과를 얻을 수 있을 때 좋은 외교 관계를 갖는다고 말할 수 있을 것이다.

그러나 외교 자체가 국가 간의 문제를 일거에 해결하는 요술 방망이가 될 수는 없다. 우리나라 역사상 외교의 제1인자로 꼽히는 고려의 서

희(徐熙 942-998)는 993년 거란(契丹)족이 세운 요(遼)나라의 소손녕(蕭
遜寧)이 80만 대군으로 침범했을 때, 그를 외교로 설득하여 오히려 거
란으로부터 강동 6주를 받아낸 성공적인 외교관으로 기록되었다. 그러
나 실제로는 이 사례도 고려와 요(遼)가 주고받은 성공적인 거래의 결
과였다고 할 수 있다.

성공적인 외교는 국력을 증대시키고 평화를 유지하며 국가의 존립을
공고히 하고 위상을 고양하는 데 기여할 수 있지만, 잘못된 외교는 전
쟁을 초래하고 국토와 국부(國富), 나아가서는 국권과 국가의 위상을
상실하는 화를 불러올 수도 있다. 역사를 거슬러 올라가보면, 우리의
독립과 자주 그리고 평화를 유지하려는 외교가 비교적 성공적이었던
적도 있고 실패한 때도 있다.

서희의 요나라와의 성공적인 거래 이후 임진왜란(1592-1598), 병자호
란(1636-1637), 한일합병(1910), 남북분단(1945), 6.25 전쟁(1950-1953) 등
은 모두 실패한 외교 결과의 사례로 기록되어야 할 것이다.

이렇듯 우리와 같이 험악한 지정학적 조건을 가진 나라는 국가의 존
립을 지키는 것은 물론 국부(國富)를 증대시키고 국위(國威)를 선양하
기 위해서도 유능하게 외교를 수행해야 할 것이다. '까마귀 싸우는 골
의 백로'로서 어떠한 외교로 강하게 잘 살아남을 수 있을까 하는 문제

를 다루는 것이 이 책의 목적이다.

　미국의 바이든 대통령 당선자가 초대 국무부 장관으로 지명한 블링컨(Antony Blinken)은 유능한 외교관으로 평가되는 사람으로, 오바마 행정부에서는 국무부 부장관직을 맡았었다. 그는 트럼프 집권 시기 그 행정부의 '3무(無) 외교'를 신랄히 비판하면서 그것이 인재(people)도, 절차(process)도, 정책(policy)도 갖고 있지 못하다고 지적하였다. 국무부 장관을 비롯한 고위층에 자격 없는 사람들을 선임하고, 정부 내 부처 사이, 행정부와 의회 사이의 협의가 결여되고, 주요 이슈에 대한 합리적인 정책이 보이지 않는다는 비판이었다.

　대한민국 외교의 역사와 현재를 둘러볼 때, 불행하게도 '3무 외교'가 한국에도 고스란히 적용되는 비판이라고 말할 수 있다. 예컨대 인재와 관련하여 대통령은 외교 주관 부서의 간부나 주요국의 주재 대사 선정에 있어서 전문성이나 경험보다는 이른바 '코드'나 정치적, 개인적 인연을 중요시하여 효과적인 강대국 외교에 지장을 주기도 한다. 절차와 관련해서 이른바 '당정청 회의'라는 것이 있으나 실제로는 내용 있는 협의라기보다 한 부처의 방침을 추인하는 것에 불과한 인상을 주고 있다. 정책과 관련해서는 출구 없는 무모한 결정을 내리기가 일쑤이다. 예컨대 이명박 정부는 2002년 실속 없이 일본을 자극하는 행동을 하고, 문재인 정부는 2020년 일본에 지렛대로 쓰겠다고 느닷없이 한일 군사정보보호협정(GSOMIA, 지소미아)의 종료를 발표하여 한미, 한일 관계에 갈등을 초래하였다.

그러나 지난 75년간 대한민국의 외교를 돌이켜보면, 대통령제의 한국 정부가 잘못한 것만 있는 것은 아니다. 잘한 것도 있다. 정부 수립 이전의 일이었지만 이승만 박사가 대통령에 취임하기 전 한반도의 분단 지속 가능성에도 불구하고 남한에서의 단독 선거를 주장했던 것은 잘한 일이라고 생각한다. 좌파는 이승만 박사의 단독 선거 주장 때문에 한반도에 두 개의 정부가 들어섰고, 그것이 반영구 분단을 가져왔다고 비난한다. 그러나 국제적으로 인정받는 한국 정부가 남한에 수립되지 않았다면 한반도 전체의 공산화를 막기가 어려웠을 것이다. 박정희 대통령의 군사정권은 1965년 국내 반일 세력들의 극렬한 반대에도 불구하고 일본과 국교정상화를 위한 협정을 체결하였다. 당시 한국의 경제 발전과 한미동맹을 통한 안보 강화를 위해서는 일본의 한국 강점 역사에도 불구하고 일본과 화해하는 것이 한국의 국익에 부합하는 결정이었다. 노태우 대통령은 1988년 서울 올림픽을 기회로 한국의 북방정책(구 공산권 국가와의 외교 정상화)을 활성화하고 소련과의 외교 관계 수립에 성공하였다. 이는 우리의 외교 다변화와 대 북한 관계 유연화에 큰 도움이 되었다. 김영삼 대통령은 청와대가 외무부 인사에 개입하는 것을 금지하여 장관에게 인사권을 맡김으로써 능력 있는 인재들이 적재적소에 배치되어 활동할 수 있도록 도와주었다.

한국은 2020년대에 들어와 어느 때보다도 활발하고 유능한 외교를 필요로 한다. 북한의 핵무장 기정사실화와 도발 위협 증가는 안보 강화와 북한의 비핵화를 위한 외교의 강화를 요구한다. 동북아에서의 국제 질서 재개편과 미국과 중국의 알력과 경쟁 심화는 양국의 신냉전 시대를 불러왔다. 이는 한국의 현명하고 균형 있는 외교적 정책과 대응의 필요를 제기한다. 자유무역의 다자 기구인 역내포괄적경제동반자협정(RCEP)의 시동과 트럼프가 미국의 참여에 브레이크를 건 환태평양경제동반자협정(TPP)의 예상되는 재가동은 우리에게 이 기구들에서 능동적 외교 역할을 할 필요와 기회를 동시에 가져다 준다. 두말할 것 없이 이러한 외교 활동은 유능한 인력과 정부 내의 효율적인 협의 절차 그리고 현명하고 유연한 외교정책을 필요로 한다.

외교는 국가의 안전을 보장하고, 경제적 번영을 도모하며, 위신을 선양할 수 있는 중요한 수단이다. 외교는 뚜렷한 목표를 설정하고 그것을 실현하는 방법과 수단을 효과적으로 구사해야 한다. 국익을 우선으로 하는 효과적인 외교는 실용적인 것이어야 한다. 실용적 외교란 외교가 집권자나 그 그룹의 이념과 감정 그리고 국내 정치적 이해관계에 좌우되지 않을 때 비로소 가능하다.

근현대 외교의 역사가 일천하고 성공적인 외교의 선례가 많지 않은 우리나라는 국익을 위하여 외교가 실속과 내용이 있는 것이 되도록 주력해야 할 필요가 있다. 이를 위해서는 어떠한 조건과 노력 그리고 마음 자세가 필요한가를 고찰해 보는 것이 이 책의 목적 가운데 하나이다.

이 책은 20세기와 21세기 한국의 강대국 외교를 집중적으로 조명하는 것을 목적으로 하는 만큼 주변 4강이라고 부르는 중국, 미국, 일본, 러시아와 남북한의 관계를 심층적으로 고찰해 볼 것이다. 그 과정에서 우리는 남북한과 중국의 관계, 미국의 역할, 한일 관계에 많은 부분을 할애하고 아울러 우리에게 사활의 문제가 되고 있는 북핵 문제도 별도로 분석해 보고자 한다. 21세기의 남은 기간 동안 우리나라의 외교에 관심을 갖는 독자들에게 상식적인 서술 이상의 이해와 통찰을 전해 주는 책이 되기를 기대해 본다.

이 책이 출판의 빛을 보기까지 많은 사람들의 도움을 받았다. 그중 여기서는 세 명의 이름만 지적한다. 아산정책연구원의 홍상화와 신문경 연구원은 자신들의 고유의 임무에도 불구하고 원고의 지루한 교정 작업을 끈기 있고 철저하게 수행하여 주었다. 출판사 올림의 이성수 대표는 책 출간을 처음부터 격려해 주었을 뿐만 아니라 어수선하게 구성된 초고를 책답게 만드는 매끈한 편집 작업을 맡아주고 윤문에도 많은 기여를 해주었다. 2020년의 연말연시인 데다가 세계적 전염병(팬데믹)인 코로나 바이러스로 모든 사람들이 불안하고 우울한 나날을 보내는 가운데도 헌신적으로 출간을 도와주신 이분들에게 깊은 감사의 말씀을 드린다.

새해에는 나라와 세계가 팬데믹으로부터 해방되고, 모두 한 해의 건승을 구가하고, 그 이후에도 밝은 시기를 맞이하기를 바란다.

2021년 1월

한 승 주

1

외교란 무엇인가

통념과 실제

들어가는 글

　국가 간의 좋은 외교는 어떠한 외교를 의미하는 것일까? 상식적으로 보아도 국가 간 서로 신뢰할 수 있고, 분규가 있더라도 전쟁이나 강제력을 통하지 않고 상호이해와 설득에 기초하여 한쪽이 지고 다른 쪽이 이기는 윈-루즈(win-lose)보다는 서로에게 이익이 되는 윈-윈(win-win)의 결과를 얻을 수 있을 때 좋은 외교 관계를 갖는다고 말할 수 있을 것이다.

　세계에는 수많은 사람과 국가를 포함한 많은 국제적 행위자가 있으므로 여러 가지 형태와 양상의 '외교 관계'가 있는 것은 당연한 일일 것이다. 또한, 외교에 관해서는 많은 사람들이 갖고 있는 통념도 있을 것이므로(예컨대 외교관은 국가를 위하여 거짓말을 하는 사람이라는 등) 이 세션의 제목을 '통념과 실제'라고 붙였다.

　통념 또는 신화라고 하는 것은 그것이 사실이건 아니건 간에 어떤 것을 많은 사람이 그렇게 믿고 받아들이는 것을 의미한다. 우리가 단군 '신화'라고 할 때, 과연 단군이 곰(웅녀)의 몸에서 태어났는지 아닌지 모르지만, 사람들이 그렇게 믿는다는 말이다. 예수님의 잉태, 영어로 'conception'이라고 하는데, 이것도 신화라고 할 수 있다. 그래서 기독교에서는 이를 'immaculate conception'(우리말로는 원죄 없는, 흠 없이 완벽한 잉태)이라고 한다. 즉, 상식적으로나 과학적으로는 설명할 수 없는 동정녀의 수태를 믿고 있다는 말이다.

그렇다면 외교에서는 통념이나 신화가 있는 것인가? 나는 있다고 생각한다. 예를 들어 '외교관은 나라를 위해 거짓말을 하는 사람이다.' 이렇게 믿는 사람이 많다. 나는 이것은 실제와는 다르다고 생각한다. 또는 '외교는 협상이다. 좋은 협상은 하나를 주고 열 개를 받아내는 것이다'라고 말하는 사람들도 있다. 그러나 나는 그것은 썩 좋은 협상은 아니라고 생각한다. 그래서 여기서는 외교에 있어서 이러한 통념, 또는 신화를 몇 가지 소개하고 실제와는 어떤 차이가 있는지, 현실과 어떻게 다른지를 생각해 보기로 한다.

외교란 국가와 국가 간의 관계를 말하지만, 기본적으로 사람들 간의 관계이다. 따라서 다른 점 또는 복잡한 면이 많지만, 일상의 인간관계와도 많은 공통점이 있다. 예컨대, 우리가 의식하고 있든 아니든 간에 모든 인간관계란 국가 간 관계와 마찬가지로 협상의 관계이다. 이 과정에서 서로 주고받으며, 이익을 볼 때도 있고 손해를 볼 때도 있다. 또 둘이 같이 손해를 볼 수도 있고, 둘이 다 같이 이익을 볼 수도 있다. 따라서 인간관계는 국가 간의 관계와 마찬가지로 '게임'의 관계라고 하겠다. '게임을 한다(play a game)'라고 하면 너무 공리적이고 이기적인 것으로 이해하여 부정적으로 생각할 수도 있지만, 반드시 그런 것은 아니다. 우리는 부모·자식 간이나 부부지간에도 늘 '게임'을 하고 산다.

게임이론에서 게임의 목적은 상대방이 어떠한 선택을 할 것이냐를 계산하고 예측하여 최대한의 이득을 얻으려고 노력하는 것이기 때문이다. 예컨대 아버지가 아들에게 바둑을 가르칠 때, 아들의 사기를 올려주기 위해 아들이 알아차리지 못하게 일부러 져주는 것도(아니면 너무 크게 이기지 않는 것도) 일종의 게임이라고 할 수 있다.

따라서 외교를 잘 이해하는 것은 우리의 일상생활, 즉 인간관계에 도움을 줄 수 있고, 역으로 일상적인 인간관계를 이해하고 연구하는 것은 외교에도 큰 도움이 될 것으로 생각한다. 결국, 외교를 공부하는 것은 인간 생활을 이해하는 것과 불가분의 관계를 갖는다.

외교라는 말의 의미

외교(外交, diplomacy)라는 말을 문자 그대로만 보면 외부와 교섭한다는 뜻이다. 영어의 diplomacy라는 말을 풀어 보면 diploma, 즉 증서나 신임장을 가진 사람이 그 수완을 발휘한다(협상을 한다)는 뜻이 된다. 이런 의미에서 외교란 '국가나 기타 조직을 대표하여 자격증(diploma)을 가진 사람들이 협상을 하는 기술(art)과 행위(practice)'로 정의할 수 있을 것이다.

외교와 진실

먼저 외교와 진실이라는 문제에 관해 생각해 보겠다. 앞서 잠깐 언급하였듯이, 누군가 '외교관이란 나라를 위해 거짓말을 하는 사람'이라고 말한 일이 있다. 이것은 물론 과장된 말이겠지만, '과연 외교관은 거짓말을 해야 하는가?', '좋은 외교관이 되기 위해서는 최소한 '진실하기'를 포기해야 하는 것인가?' 하는 의문이 제기될 수 있다. 외교관은 대외적으로 다른 나라의 외교관/협상자를 상대해야 하지만, 대내적으로는 언론이나 의회를 통해 국민이나 국제사회의 질문에 대답을 해주어야 한다. 나는 어느 경우이든 말을 안 하는 것은 필요할 수 있으나, 거짓말은 하지 말아야 한다고 생각한다. 거짓말을 한다는 것은, 도덕적인 견지는 접어두고라도, 실익의 면에서 이익보다는 불이익이 많기 때문이다. 또 그것은 외교관 개인의 입장에서는 물론, 그가 대표하는 국가적 입장에서도 바람직하지 않은 일이라고 생각한다.

1971년 미국의 대니얼 엘스버그(Daniel Ellsberg)라는 사람이 미 국방부 문서인 Pentagon Papers를 「뉴욕타임스」(New York Times)를 비

롯한 언론사들에 제공하여 큰 물의를 일으킨 일이 있다. 그때 정부는 그것이 국익에 어긋난다고 주장했지만, 궁극적으로는 미국을 베트남으로부터 철수시켜 미국의 국익에 이바지했다고 보아야 한다. 또 이라크 아부 그레이브 감옥에서 자행된 포로 학대 사건도 보도할 당시에는 미국의 국익에 위배된다고 생각했을 수 있으나 결국은 문제를 파헤치고 보도함으로써 미국의 장기적 이익에 기여했다고 생각한다.

거짓말은 결국은 드러나기 마련이고 그렇게 되면 협상자로서의 신뢰를 상실할 것이고 국가적으로도 다른 나라들의 업신여김을 받게 된다. 국제사회에서 명성이라는 것은 참으로 중요하다. 정부나 개인이 신용을 잃게 되면 그만큼 그 나라의 외교를 어렵게 할 것이다. 외교는 전쟁과 달리 한두 번의 위장으로 상대방을 무너뜨려 승리를 쟁취하는 게임이 아니기 때문이다. 그러나 문제는 진실을 이야기할 수 없는 경우가 많다는 점이다. 이런 경우 협상에서는 명백한 거짓만 아니라면 어느 정도의 숨김은 불가피한 것이라고 하겠다. 언론이나 국회에는 'Off the Record'를 걸 수도 있고 (그러나 이것은 지켜지지 않을 가능성이 있다는 것을 인식해야 한다), '노코멘트(no comment)'로 나갈 수도 있다. 임기응변으로 벗어날 수도 있으나 장기적으로는 이것도 썩 좋은 방법은 아닐 것이다.

외교를 할 때도 늘 사실대로 이야기해 줄 수는 없다. 1971년 리처드 닉슨 대통령 시기에 당시 대통령 보좌관이었던 헨리 키신저가 중국에 가서 마오쩌둥 주석과 저우언라이 외상을 만나고 양국이 화해하는 합의를 했는데 일본에게는 이 사실을 감쪽같이 숨겼다. 나중에 키신저에게 왜 일본에 알려주지 않았느냐고 하니 일본이 그 비밀을 지킬지 믿을 수가 없어서 그랬다는 것이었다. 그때 일본은 큰 충격을 받았고 지금도 그것을 '닉슨 쇼크'라고 기억하고 있다.

1992년 우리나라가 중국과 수교할 때의 이야기이다. 당시 우리는 대만과 국교를 맺고 있을 때인데 대만에게는 중국과 수교를 하지 않을 것같이 말하다가 비밀리에 수교교섭을 성사시켰다. 대만은 우리가 자신들을 배신했다고 하여 상당히 분개했고, 이듬해 내가 외무부 장관직을 수행하면서 대만과의 관계를 재개하는 데에 상당한 어려움을 겪었다. 당시 대만은 보복으로 한-대만 간 정기 항공편을 중단하였었고, 우여곡절 끝에 중단된 지 12년 만에야 복항이 실현되었다.

외교와 진실이라고 할 때 '고백 외교(confessional diplomacy)'라는 것도 있다. 북한은 일본에서 젊은 여성들을 납치하여 김현희와 같은 공작원에게 일본어를 가르치는 일을 시켰다. 여러 해 동안 이 사실을 감추고 부인하다가 2002년 고이즈미 총리가 북한을 방문한 계기에 김정일 위원장이 그것을 공식적으로 인정하고 사과한 일이 있다. 김 위원장의 이런 행동은 일본과의 관계를 정상화하고 보상금/배상금을 받기 위한 것이었다. 그러나 그 과정에서 납북 여성 중에 의문의 죽임을 당한 사람들이 여러 명 있었다는 것이 드러나고 일본에서 계속 그 진상 규명을 요구하자 북한은 고백 외교가 역효과가 난다는 것을 깨달았다. 얼마 후에 북한은 또 북한을 방문한 미국 대표에게 고농축 우라늄 프로그램이 있는 것을 인정하는 발언을 했다. 그것이 발단이 되어 현재까지도 해결이 되지 않고 있는 2차 북핵 위기가 시작된 것이다.

북한은 이렇듯 고백 외교가 효과를 거두지 못하는 것을 인식하게 되면서 다른 전략을 택했다. 일본에 대해서는 인정했으면 되었지 왜 말썽을 부리느냐고 적반하장으로 나왔고, 미국에 대해서는 인정한 일이 없다고 완강히 부인했다. 이러한 북한이 외교를 잘하고 있다고 말할 수 있을까? 나는 개인 간의 관계에서는 물론 국가 간 관계에서도 신의와 도덕성은 필요하고 중요하다고 생각한다. 결국, 외교에서는 거짓말을 하지 않으면서도 비밀로 지킬 것은 지키고, 동시에 협상 상대로부터 신뢰를 받을 수 있는 능력이 중요하다고 생각한다.

외교와 허세

1985년 부산에서 열린 APEC 회의에 참석한 중국의 후진타오 주석은 아태지역 경제지도자들이 모인 회의에서 한 연설을 통해 많은 점수를 얻었다. 후진타오 주석이 강조했던 것은 중국의 성장(成長)은 세계 어느 나라에도 위협이 되지 않을 것이며, 중국은 세계와 지역의 평화와 안정 그리고 번영에 기여할 것이라는 점이었다. 또한, 후진타오 주석은 중국이 아직도 경제 발전에 장애 요소가 많고 개발도상국을 벗어나지 못했다고 말했다. 말하자면 상당히 엄살을 부린 것이다. 실제로 중국은 '화평굴기'(和平崛起, 즉 평화적으로 솟아난다), 또는 '화평발전'(和平發展)이라는 표현 속에서 자신들의 부상이 다른 나라에 위협이 안 된다는 것을 강조하면서 조용히 실력을 기르는 정책을 추구하고 있었다. 그 후 화평굴기의 '굴기'(崛起, 솟아난다)라는 표현도 너무 공격적이라고 하여 그 대신 발전, 즉 '화평발전'(和平發展)이라는 표현으로 바꿨다. 동시에 3화(三和), 즉 화평(和平, peace), 화해(和諧, harmony), 화해(和解, reconciliation)를 강조한 적도 있다. 아무튼, 언론은 후진타오가 애교 공세(charm offensive)를 폈다고 평했다. 그리고 그러한 애교 외교는 효과 만점이었다고 평가했다.

중국은 왜 간혹 이렇게 자존심을 죽이고 실제의 실력보다 자신을 약하게 묘사했는가? 첫째 이유는 다른 나라들의 경계심을 자극하지 않겠다는 의도를 갖고 있기 때문이다. 이와 동시에 또 하나 중요한 이유는 중국이 실제로는 강하고 실력이 있기 때문에 이런 엄살을 부릴 여유가 있었던 것이라고 생각한다.

반면에 허세를 부리는 나라도 있다. 예컨대 북한은 툭하면 미국을 혼내줄 수 있다고 큰소리를 친다. 1994년에는 서울을 불바다로 만들겠다고 위협한 일도 있다. 실제로 북한은 군사적으로 남한을 불바다로 만들 수는 있어도 아직은 미국을 직접 공격할 수는 없을 것이다. 따라서 이러한 북한의 위협적 발언은 자신의 취약함을 감추려는 불안감으로부터 나온 것으로 생각할 수 있다. 결과적으로 북한의 위협적인 언사는 다반사로 여겨지게 되었다.

미국의 시어도어 루즈벨트 대통령(1901-1909)은 중남미에 대해 미국이 'Speak softly and carry a big stick'(큰 몽둥이를 갖고 다니되 말은 부드럽게 하라)이라고 말한 일이 있다. 2000년대에도 미국은 부시 대통령 취임 이후 강압적이고 일방주의적인 외교를 하는 일은 있어도 말로써 군사적 위협을 하지는 않았다. 최소한 2017년 비외교적인 트럼프 대통령이 취임할 때까지는 그랬다. 말보다는 오히려 무력시위가 훨씬 효과적이기 때문이다. 예컨대 1994년 6월 북핵 문제가 점점 위기로 치달을 때 미국은 항공모함을 동해에 배치하고 한국에 패트리어트 미사일을 배치하는 등 주한 미군의 군사력을 강화했다. 북한은 그 메시지를 알아채고 지미 카터 전 대통령을 평양으로 초청하고 미국과의 교섭을 재개했다.

옛날 삼국을 통일할 때 신라의 강수(强首)가 말을 잘하여 당의 설인귀(薛仁貴)를 설득하였다고 한다. 그러나 오늘날의 외교관은 말을 잘하고 많이 해서, 또는 허세를 부려서 상대방을 설득시킬 수는 없을 것이다. 외교에 있어서는 말보다 행동이 더 중요하고, 행동보다도 실제의 실력이 더 중요하다. 오히려 말은 적게 할수록 좋다. 또 남의 말을 진지하게 들어주는 자세가 중요하다. 다만 적게 하는 말이라도 그것은 신빙성이 있고 절제되고 논리가 서는 것이어야 할 것이다.

반쪽이라도 얻을 것인가, 모두 잃을 것인가

1945-1948년 사이 우리나라는 중요한 선택의 기로에 서 있었다. 북한이 남북한 전체에서의 선거를 거부하는 상태에서, 첫째는 일단 선거를 무기한 연기할 것인가, 둘째는 북측의 공산주의자들과 타협을 하여 한반도가 공산화되는 것을 각오하면서까지 통일을 추진해야 하는가, 셋째는 남한에서만이라도 선거를 단행할 것인가라는 세 가지 선택을 두고 결정을 해야만 했다. 그때 이승만 박사의 주장은 남한만이라도 선거를 하자는 것이었다. 즉, 반쪽이라도 확보하는 것이 한반도를 다 잃어버리는 것보다는 낫다는 주장이었다. 이승만 박사의 전기를 쓴 로버트 올리버(Robert Oliver)는 이때의 과정을 서술하면서 'Half a loaf is better than no loaf.'라는 제목을 붙였다. 결과적으로 남북한에 각각 정부가 들어섰고 한반도가 오랫동안 분단 상태에 놓이게 되었지만, 적어도 한반도 전체가 일찌감치 공산화되는 것을 막을 수 있었다.

어느 단계에서 불만스럽지만, 반쪽의 빵(half a loaf)을 확보하는 것으로 더 큰 손실을 막는 것이 현명하지 않을까? 키신저는 그의 역작 『외교(Diplomacy)』라는 책에서 이러한 의문을 제기하고 있다. 즉, 1950년 가을 한국전쟁 당시, 한미 연합군이 38선을 넘어 북진할 때, 만약에 그들이 압록강, 두만강까지 진격하지 않고 평양과 원산 간의 39도선 정도에서 전진을 정지했더라면 한반도에는 상당히 다른 결과가 나왔으리라는 것이다.

그랬더라면 첫째, 중공군의 개입을 불러오지 않았을 것이고, 둘째 39도 이북의 협소한 산악지대에서 김일성 정권은 오래 지탱하지 못하고 궤멸했을 것이라는 말이다. 그러나 실제로는 내친김에 압록강, 두만강까지 진격했고 그것은 중공군의 개입을 초래했다. 우리는 역사를 재실험할 수는 없으므로, 과연 39도선에서 정지했더라면 어떠한 결과가 나왔을 것인가를 알 수 없지만, 그럼에도 키신저의 추론이 그럴듯한 것은 사실이다.

최근에 동상철거 논란 때문에 다시금 세인의 관심을 끌게 된 맥아더 장군은 한국전쟁 때 해리 트루먼 행정부가 만주 폭격을 못 하게 하자 "완전한 승리를 대체할 수 있는 것은 없다(There is no substitute for total victory)"라고 하며 대통령 정책을 비판한 적이 있었다. 만약에 미국이 맥아더 장군의 생각대로 만주를 폭격하고 전면전을 수행했더라면 어떠한 결과가 있었을지를 생각하는 것도 흥미 있는 일이지만, 아마도 그 결과는 그렇게 바람직한 것은 아니었으리라 생각한다.

비슷한 사례가 또 있다. 1919-1922년간의 그리스-터키 전쟁에서 그리스는 터키 땅으로 진격하여 이스탄불(그리스는 콘스탄티노플이라고 부름)을 점령하고 보스포러스 해협을 건널 것인지를 고민했다. 결과적으로 해협을 건너 그리스의 옛 고장인 트로이(지금의 Anatolia 지방)로 진격했지만 너무나 긴 전선을 만든 것이 벅차 결국은 후퇴함으로써 이스탄불도 빼앗기고 지금의 그리스-터키 경계선까지 후퇴하고 말았다. 이 사건 역시 full loaf(빵 한 덩이)를 가지려다 half loaf(반 덩어리)도 갖지 못한 예일 것이다. 외교에 있어서도 개인사와 마찬가지로 너무 욕심부리지 않고 그만둘 때를 잘 알아야 한다는 교훈이 되겠다.

토머스 셸링의 게임이론: 외교는 합리적인가?

　경제학으로 노벨상을 받은 전 하버드대학 교수이자 후에 메릴랜드대학 교수를 지낸 토머스 셸링(Thomas Schelling)은 게임이론의 대가이다. 그가 저술한 『갈등의 전략』(The Strategy of Conflict)이라는 책은 이 분야의 대표적 고전으로 알려져 있다. 1993년 12월 뉴욕타임스에 나에 관한 특집기사가 난 적이 있는데, 그때 기자가 나에게 정치학 서적 중에서 외교 실무에 가장 도움이 된 책이 무엇이냐고 물었을 때 바로 이 책을 꼽았었다.

　게임이론은 개인이건 국가이건 합리적으로 행동하는 것을 전제로 한다. 게임이란 상대방이 합리적으로 행동하리라는 것을 전제로 하여 그의 행동을 예측하여 대응함으로써 상대방이 자신에게 유리하게 움직이도록 만드는 것을 의미한다. 셸링 교수는 그의 책에서 다음과 같은 예를 든 일이 있다.

　'어느 곳에 원자로를 건설하는데 이에 반대하는 사람들이 철로에 드러누워 원자로 장비를 실은 열차의 접근을 막고 있다고 가정할 때, 물리적 방법 말고 이들을 철로에서 떠나게 하는 다른 방법은 없을까?'

이에 대한 셸링 교수의 처방은 열차기관사가 열차를 시속 1km 정도로 서서히 움직이게 하고 열차에서 뛰어나와 철로에 누워 있는 사람들에게 소리치는 것이었다. '저기서 열차가 이쪽으로 오고 있는데 그 속에는 기관사도 없고 데모대가 누워 있어도 열차를 정지시킬 사람도 없다.' 그렇게 말하고는 다른 쪽으로 가버리는 것이다. 기관사는 자신이 열차를 멈출 수 있는 선택(option)을 스스로 포기한 것이다. 시위대는 이러한 상황에서 틀림없는 죽음을 자초하는 대신 할 수 없이 철로를 떠나야 할 것이기 때문이다.

셸링 교수의 논지는 계속된다. 그다음 열차가 올 때 시위대는 다시 철로에 누워, 이번에는 철로에 자신들을 묶고 자물쇠로 잠가 놓아 열차가 와도 떠날 수 있는 선택을 스스로 포기하는 방법이 있다는 것이다. 이 경우 기관사가 이 사실을 알면서도 기차를 정차하지 않으면 살인을 저지르는 것이므로 그는 열차를 정지시킬 수밖에 없으리라는 것이다.

이러한 판단은 모두 사람들이 합리적으로 계산하고 행동한다는 것을 전제로 한다. 그러나 과연 개인이나 국가가 항상 합리적으로만 행동할 것인가? 실제로는 반드시 그렇지만은 않은 것으로 보인다.

한 예로 일본의 고이즈미 총리가 매년 야스쿠니 신사에 가서 참배했던 것을 들 수 있다. 이것은 일본으로서는 외교적으로 아주 큰 손실을 초래하는 행동이었다. 고이즈미는 자신이 총리가 되기 전에 일본 국민에게 약속한 일이므로 이를 지켜야 한다고 변명/설명했다. 그러나 그가 야스쿠니 신사를 참배함으로써 주변국과의 관계가 나빠지고, 일본이 원하는 유엔 안보리 상임이사국 진출도 어렵게 되고, 동아시아공동체 형성 과정에도 지장을 주는 한편, 북한 핵 문제를 위한 한국, 중국과의 공조에도 걸림돌이 되었다.

그 밖에도 한 국가나 정부가 외교에서 게임이론이 적용되지 못할 정도로 비합리적인 행동을 하는 경우가 많다. 왜 그럴까? 한 가지 이유는 정부나 지도자가 이념적 또는 감정적으로 외교를 처리하기 때문일 것이다. 이념, 또는 우리 사회에서 요즘 잘 사용하는 소위 '코드'라고 하는 것은 어떠한 사건, 또는 상황을 설명하는 사고의 틀을 제공해 줄 때가 많다. '미국은 제국주의'라든지, '우리는 피해국'이라는 피해의식은 그에 해당하는 외교정책을 만들어낼 것이다.

다자회담의 장단점

   국제적 외교회담은 양자회담이 될 수도 있고 다자회담일 수도 있다. 한국과 관련된 다자회담으로는 2003년 8월부터 4년간 열린 북핵 문제 해결을 위한 6자회담(2003. 8~2007. 3)을 들 수 있다.

   2004년 9월, 미국에서 대통령 선거전이 한창일 때의 일이다. 대통령인 조지 W. 부시와 도전자인 존 케리 상원의원 간의 TV 토론 중 일어난 일이다. 두 사람이 북한 핵 문제에 관해 논쟁하는데 케리 상원의원은 6자회담의 틀 안에서 북-미 간 양자협상도 병행해야 한다고 주장한 반면, 부시 대통령은 북핵을 해결하는 방법은 6자회담밖에 없다고 반박하였다. 북핵 문제를 토론하는데 몇 나라가 회담을 해야 하고 양자회담을 하느냐 마느냐 하는 것이 유일한 쟁점이 되었다는 것 자체가 우스운 일이기도 하지만, 결국 부시 대통령이 재선되고 다음 해 9월 제4차 6자회담이 개최되었을 때는 케리 의원의 주장대로 북미 양자 접촉뿐 아니라 협상까지도 있었다는 사실은 상당한 아이러니다.

   종종 학자들 간에는 다자협상이 더 나은지 양자협상이 더 효과적인

지 논쟁이 벌어지기도 한다. 물론 그에 대한 대답을 일률적으로 할 수는 없고, 그때그때 이슈와 상황에 따라 다르다고 하겠다.

회식할 때 6명이 한 테이블에 앉는 것이 가장 이상적이라고 한다. 사람 수가 너무 적지 않아 대화의 부담도 적고, 사람 수가 너무 많지 않아 대화가 산만해지지도 않는다는 것이다. 집에서도 손님 초청을 할 때 접대하기 가장 적당한 숫자라고 한다. 그러나 이것은 개인적으로 회식할 때의 이야기이고, 국가 간 관계에 있어 북핵과 같은 어려운 문제를 협상할 때는 6자회담이 어떠한 장단점을 갖는가 하는 문제를 생각해 볼 수 있다.

6자회담은 다음과 같은 이점과 불리한 점을 갖는다고 하겠다. 유리한 점이란 첫째, 6자회담에서는 양자나 3자회담에서보다 상대국(피설득국)에게 더 큰 압력을 가할 수 있다는 것이다. 둘째, 이번 북핵과 관련된 6자회담에서는 중국에게 더 가시적이고 책임 있는 위치를 부여함으로써 적극적인 참여와 리더십 역할을 수행하게 하고 있다는 점이다. 셋째, 협상과 합의 그리고 이행 과정에서 역할과 책임을 분담함으로써 개별국가의 부담을 경감시킬 수 있다는 장점이 있다.

미국은 양자협상을 통해 북한을 혼자 상대함으로써, 제3국과의 관계에 있어 북한이 종종 혼선을 일으키는 상황을 경험하곤 하였다. 한 예로 북한이 미국에게는 핵무기가 있다고 하고 다른 나라에는 그런 말을 한 적이 없다고 부인하기도 했다. 넷째, 필요하다면 6자회담은 양자 접촉과 협상의 기회와 틀을 마련해 줄 수 있다. 사실상 2005년 8월 초 이루어졌던 북미 양자 협의 또는 협상이 제4차 6자회담 참가국 전원이 공동성명을 발표한 9·19 합의를 도출하는 데에 있어 중요한 역할을 한 것으로 평가되고 있다.

이러한 이점에도 불구하고 6자회담은 그 나름대로의 문제점을 내포하고 있기도 하다. 첫째는 행위자가 다수이기 때문에 효과적인 협상과 외교에 있어 통상적으로 필수 불가결한 비밀유지와 '조용한 외교'(quiet diplomacy)가 불가능하게 된다는 점이다. 여기서 조용한 외교와 협상의 필요성을 새삼스럽게 설명할 필요는 없다고 본다. 다만 북핵과 관련된 6자회담의 경우 참여국들의 다양한 이해관계와 국내 사정 그리고 제도적 한계 등으로 인해 정보 관리의 혼선이 불가피해질 수 있다. 6자회담에 있어 또 하나의 한계성은 참여국들의 이해관계가 다양하고 상이하여 효과적이고 강력한 협상 전략을 구사하기 어렵다는 점이다. 회담 목적은 물론, 수단과 방법 그리고 전략에 이르기까지 합의를 도출하기가 어려우며, 이는 상대방이 역으로 활용할 기회를 제공할 수도 있다. 끝으로 핵심 문제(이 경우는 핵 문제)와 직접 관련 없는 이유로 참여국 간에 불화나 갈등이 있을 때 효과적인 공조와 협조를 어렵게 만든다는 점이다. 고이즈미 총리의 야스쿠니 참배 문제로 한-일, 중-일 관계가 껄끄러워짐에 따라 북핵 관련 협의나 공조가 어려웠던 것이 이에 해당된다.

물론 북핵 문제는 김정일이나 김정은 같은 집권자가 어떠한 결단을 내리느냐에 달린 것이지, 몇 나라가 어떠한 형식으로 협상하느냐에 좌우되는 것은 아닐 것이다. 그러나 일단은 북핵 문제의 경우 아마도 민주당 후보였던 존 케리 의원의 주장(실제로 그것은 케리 의원의 자문역

이던 윌리엄 페리 전 국방장관이 제안한 것이다)처럼 6자회담의 맥락에서 양자협상도 병행하는 것이 그 단계에서는 가장 바람직했다고 하겠다. 다행히 부시 행정부도 2기 집권 때는 그러한 방법을 수용하였다.

외교와 국내 정치

1993년 우루과이라운드 협상에서 우리나라는 최소한 어느 정도의 쌀을 수입하겠다는 약속(Minimum Market Access, MMA, 최소시장 접근)을 조건으로 쌀 수입 관세화를 1995년부터 10년간 유예받았다. 2004년 12월 말이 그 10년이 되는 시간이었으므로 우리는 2004년 1년 간 미국, 중국 등 쌀 수출국들과 협상을 하여 MMA의 양을 조금 늘리고, 수입쌀의 용도 제한을 완화하는 조건으로 관세화 유예를 10년간 연장하는 데 합의를 보았다. 그 후 10년 후인 2014년 한국은 쌀의 관세화를 수락하여 쌀수입이 수월해졌다.

다시 말해 2004년부터 10년간 수입하는 쌀은 주로 상업용으로 사용되었던 그전과 달리 가정에서 취사용으로도 사용할 수 있어 우리 식탁에 오를 수 있다는 것이었다. 우리나라는 9개 쌀수출국과 각각 양해각서(MOU)를 체결해야 했는데, 한미 간 합의는 주미 대사로 있던 내가 2004년 마지막 날 우리 정부를 대신하여 서명했었다.

관세화 유예 연장은 바로 생산자, 농민단체들이 요구했던 사항이다. 그런데도 이 합의에 불만을 가진 농민단체들은 합의 비준에 반대하여 거의 1년 내내 비준 반대 운동을 전개하고 항의데모를 대규모로 전개했다. 국회의원들도 이 안을 통과시키는 것이 필수적이라는 것을 알면서도 농민단체들의 압력으로 비준을 미룰 수밖에 없었다. 결과적으로 2004년 11월 23일에야 겨우 국회의 비준 결의안이 통과되었다. 이것은 정부가 국익을 위해 필요하다고 생각하는 문제에 소신껏 협상하고 100퍼센트는 아니지만 비교적 유리하다고 생각하는 조건으로 협상을 마치고도 국내의 정치적, 사회적 압력 때문에 합의 이행이 어려웠던 대표적인 사례였다. 이것은 국내 정치가 외교에 제약요인이 되는 경우라 하겠다.

이와 반대로, 국내 정치에 유리하기 때문에 외교를 희생시키는 예도 있다. 고이즈미 총리는 야스쿠니 신사참배가 일본에 많은 외교적 손해를 입히고 있지만, 국내 정치적으로는 득을 본다고 생각하는 것 같았다.

동시에 외교를 국내 정치에 이용하는 경우도 종종 있다. 외국과 위기를 조성하거나 분쟁을 일으킴으로써 국내적으로 정치적인 지지를 늘리기도 한다. 외국과 분쟁을 하는 동안 국내에서는 애국심이 고조되고 선거에서도 유리한 고지를 점하는 경우가 종종 있기 때문이다. 그러나 일부러 위기와 분쟁을 조성하는 것은 국가적으로도 불리하지만, 정권 차원에서도 불리한 일이다. 그것은 위험한 일이기도 하지만, 에이브러햄 링컨 대통령이 말했듯이, 일부 사람들을 한시적으로 속일 수 있을

지는 몰라도 모든 사람을 언제까지나 속일 수는 없기 때문이다. 부시 미국 대통령에 대한 평가(approval rating)나 지지율이 자꾸만 내려갔던 이유 중의 하나가 바로 그가 국민에게 정직하지 못했다고 생각하는 사람들의 수가 늘어났기 때문이다. 권위 있고 전통 있는 여론조사기관인 해리스 폴(Harris Poll)에 의하면 부시가 이라크전과 관련하여 국민을 오도(misleading)했다고 믿는 사람들이 64%에 달했다.

민주국가에서는 국내 정치가 외교에 특히 많은 영향을 끼치게 된다. 언론의 자유가 있고 주기적으로 선거가 있는 나라의 정치인들은 국민의 눈치를 살펴야만 하므로 여론의 향배에 매우 민감하다. 반면 북한과 같은 폐쇄적인 국가에서는 국민 여론을 의식할 필요가 별로 없으므로 여론의 제약을 받지 않는다. 다만 집권세력 내부에서 군부라든가 당 관료들의 의견을 고려해야 할 때는 있을 것으로 생각된다.

일반적으로 민주국가에서는 외교의 50퍼센트가 국내 정치라고 해도 과언이 아닐 것이다. 따라서 외교가 대중영합주의(populist)적이 될 가능성이 크다. 우리나라에서는 몇 가지 특수성 때문에 국내 정치와 외교가 특히 밀접한 관계가 있다. 우선 정치가 민주화되어 있을 뿐 아니라, 대북 관계, 대미 관계, 대일 관계, 통상 문제 등에 있어 국민의 관심과 이해관계가 매우 크기 때문에 외교가 국내 정치화되는 경향이 더욱 크다고 하겠다. 특히 인터넷 등 대중매체가 발달한 우리나라와 같은 국가에서는 네티즌 등 국민 의견의 영향력이 아주 강하다. 따라서 정부가 독자적으로 정책을 세우고 외교를 수행하기란 대단히 어려운 일이다.

민주국가에서 외교를 수행하는 데 있어 정부가 국민의 눈치를 보는 것을 반드시 나쁘다고만 할 수는 없을 것이다. 언론과 국회를 통해 국민은 정부를 감시하고, 정부가 정직하지 못하거나 그릇된 길로 가는 것 등을 견제하고 막을 수 있는 힘을 가졌기 때문이다.

노무현 대통령이었기에 가능했던 이라크 파병

노무현 대통령은 재임 중 '반미면 어때?'라는 발언을 했다고 해서 화제가 되기도 했지만, 실제로 중요한 사안에 대해 정치적으로 미국에 우호적인 결정을 내리기가 유리한 입장에 있었다고 볼 수 있다.

만일 노 대통령이 아니라 보수 진영 출신의 대통령이 이라크 파병을 결정했다면 정치권은 물론이고 진보 진영의 운동가들이 분명 가만있지 않았을 것이다. 그런데 문제를 제기하며 강력하게 반대할 사람들이 바로 노무현 대통령의 지지층이었기 때문에, 그 사람들을 설득하기에는 누구보다 유리한 입장이었다고 하겠다.

나는 주미 대사 시절 바로 그 점을 미국 쪽에 알려주고 강조했다. '노 대통령이기 때문에 가능한 것이다. 노 대통령의 언사(words)가 과격하기 때문에 바로 이렇게 좋은 행동(deeds)을 할 수 있는 것이다.'라는 점을 거듭 강조하며 설득시켰고, 미국 쪽에서도 그 점에 대해서는 충분히 납득했으리라고 생각한다.

약소국 외교

예로부터 덴마크, 핀란드, 벨기에 등은 강대국 주변에서 소위 '약소국 외교'를 잘 해온 것으로 알려져 있다. 언젠가 덴마크 외무부 장관과 만난 자리에서, 이 장관은 약소국의 외교 방법은 두 가지가 있다는 말을 한 적이 있다. 하나는 강대국에게 적극적으로 협력하여 그 나라의 보호와 협조를 받는, 즉 'good boy'가 되는 것이고, 또 하나는 강대국과 사사건건 다투고 문제를 일으켜, 강대국이 미운 놈 귀찮아 떡 하나 더 주게끔 하여 자기 실속을 차리는 방법, 즉 'bad boy'가 된다는 것이었다. 듣고 보니 그럴듯한 이야기였다. 요즈음에도 일본은 스스로 약소국은 아니지만, 미국에 비해서는 약자 입장이라는 판단하에 미국과 긴밀한 협조 관계를 유지하고 있다. 반면, 북한은 핵무기까지 개발하여 미국의 심기를 거스르고 있다.

그러나 나는 이러한 'good boy, bad boy'론보다는, 어떤 제3의 방법이 있는 것은 아닐까에 대해 생각해 보고자 한다. 다시 말해, good boy도, bad boy도 아닌 'smart boy'가 되어 자존심이나 자주 의식을 꺾지 않으면서 동시에 강대국과 공동의 이익을 추구해 나가는 방법이 있지 않을까 하는 것이다. 지금 우리 사회에는 대미 관계와 관련하여 소위 '자주파'와 '동맹파' 간의 대립과 갈등이 있다고들 한다. 한편에서는 이제 우리는 과거 미국을 추종하던 모습은 버려야 한다고 주장한다. 다른 한편에서는 그렇다면 일본이나 영국은 자존심이 없어서 미국과 협력하느냐고 되묻는다.

우리는 지정학적으로 강대국에 둘러싸여 있고, 역사적으로 여러 차례 외침을 받아왔기 때문에 피해의식이 있는 것은 어쩌면 당연한 일일지도 모른다. 그러나 '추종'이냐 '협력'이냐의 이분법에서 한 걸음 벗어나 다음과 같은 몇 가지를 생각해 볼 수 있지 않을까 한다.

첫째, 각국이 자국의 이익을 추구하는 것은 당연한 일일 뿐 비난하고 탓할 문제가 아니라는 것이다. 둘째, 국가 간 관계 또는 협상에서는 장기나 바둑, 또는 운동경기와 같이 늘 제로섬 게임(zero-sum game)도 아니고 지배-피지배 관계인 것도 아니라는 것이다. 즉, 각국이 자국 이익에 충실하다고 하여 반드시 두 나라의 이익이 충돌하는 것은 아닐 것이다. 'smart boy 외교'라는 것은 강대국과 공동이익을 발견하고 그것을 설득시키는 과정과 전략을 말한다.

나의 개인적 경험을 이야기하자면, 1993년 1차 북핵 위기 당시 미국과 협의하는 과정에서 우리나라와 미국의 견해가 충돌해서 서로를 설득하거나 강요하는 경우보다는 양국이 협력하여 북핵 문제 해결을 위한 가장 효과적인 방법을 고안해 내는, 말하자면 브레인스토밍(brain-storming)식의 토론을 하는 경우가 많았다. 그 당시 「뉴욕타임스」, 「로

스앤젤레스 타임스」 등 미국 일간지들은 제네바로 가는 로드맵은 한국 쪽의 구상이었다고 보도했었는데, 이것만 봐도 우리가 상당한 역할을 한 것임을 알 수 있을 것이다. 다만 우리가 구태여 이 점을 내세우지 않았을 뿐이다.

작은 나라가 외교적으로 큰 영향력을 갖는 경우도 많다. 그것은 강대국에 덤비고 자기주장을 내세워서라기보다 강대국의 존경을 받아서라고 할 수 있다. 예를 들면, 싱가포르의 국부이자 오랫동안 수상을 지낸 리콴유(Lee Kwan Yew) 씨는 그 뒤를 이은 고촉통(Goh Chok Tong) 수상에 의해 '선임 장관'(Senior Minister: SM)으로 추대되었고, 리콴유 씨의 아들 리센룽(Lee Hsien Loong)이 수상이 된 후에는 '스승 장관'(Minister Mentor)으로 불리며 존경받고 있었다. 또한, 리콴유 씨가 미국 상하원 합동회의에서 연설했을 때 그 누구보다도 많은 박수를 받았던 것으로 알려져 있다.

세계의 지도자, 정책가들은 리콴유 씨의 의견과 충고를 경청해 왔다. 또한, 그의 지혜와 혜안을 존중했다. 그것은 싱가포르가 강한 나라이기 때문이 아니고 그가 각국의 이익을 공동의 이익으로 승화시킬 수 있는 능력을 갖췄기 때문이었다. 남아프리카의 넬슨 만델라 전 대통령이 타계할 때까지 커다란 외교적 영향력을 가진 것은 사람들이 그의 용기와 도덕성, 관용과 지혜를 존경했기 때문이다. 바로 이런 것이 소프트파워(soft power)라고 생각한다. 그리고 이러한 '설득력의 소프트파워'는 외교력이라는 또 하나의 소프트파워로 전환될 수 있을 것이다.

명분과 실제

　외교에서는 실제보다 명분이 더 중요할 때가 있다. 1차 북핵 위기 때, 북한의 핵폐기물을 검사하는 특별사찰이 큰 쟁점으로 떠올랐다. 당시 나는 그것을 특별사찰이라고 부르든, 또는 다른 이름으로 부르든 특별사찰에 해당하는 사찰을 하여 북한의 핵 활동 여부를 감시할 수 있다면 좋은 게 아니냐고 했다. 허나 그 당시 언론은 특별사찰이라는 용어를 쓰지 않는다는 것은 북한에 대해 너무나 큰 양보를 하는 게 아니냐고 비판했다.

　외교는 때로는 '무화과 나뭇잎(fig leaf)'을 필요로 한다. 아담과 이브가 에덴동산에서 쫓겨날 때 무화과 나뭇잎으로 자신들의 치부를 감췄다는 데서 연유한 이 말은 외교에서 같은 내용이라도 용어를 잘 쓰고 포장을 잘하여 협상 양측의 체면과 명분을 살리면서 합의를 볼 때 자주 쓰이는 말이다. 외교는 체면 유지와 명분을 중시한다. 그러나 국가들이 첨예하게 대립하고 불화 관계에 있으면서도 서로의 체면을 살리고 실리를 택할 수 있는 타협이 가능한 경우가 많다. 이러한 방안(formula)을 찾는 것이 외교에 있어 가장 큰 도전이 아닌가 생각한다. 그렇게 함으로써 명분도 찾고 실익도 추구할 수 있기 때문이다.

외교와 인권 문제

국제 관계에는 '내정불간섭의 원칙'이라는 것이 있다. 유엔 헌장 제 2조 7항은 주권국가의 국내 문제에 간섭해서는 안 된다고 규정하고 있다. 그러나 근래에 와서 국내적으로 인권침해와 인종학살 등의 범죄가 자행되는 행위가 잦아짐에 따라 인권 보호를 위해 주권국가에 개입하는 것은 정당화된다는 견해가 더 큰 설득력을 얻고 있다. 내가 르완다 인종학살에 대한 유엔독립조사위원회의 일원으로 참여하여 당시 유엔 평화유지군 책임자였던 전 사무총장 코피 아난(Kofi Annan)이 제대로 임무를 수행하지 못했다는 조사보고서를 작성하였던 것도 '인류에 대한 범죄(crime against humanity)'가 저질러질 때는 국제사회가 간섭해야 한다는 전제가 있었기 때문이다.

내가 1993~1994년 외무부 장관을 맡은 동안 가장 보람 있고 자랑스러웠던 것은 1993년 7월 오스트리아의 수도 비엔나에서 열린 세계인권대회에 참가하여 우리나라의 인권이 이제 성숙해졌다(Korea has come of age in human rights!)고 선언했을 때였다. 나도 1960년 4.19 반정부시위에 참여하여 발포현장에서 경찰이 쏜 총에 맞을 뻔했고, 1980년대 10여 년 동안 뉴스위크(Newsweek)지에 칼럼을 쓰면서 우리나라의 민주화를 역설했던 만큼, 세계인권대회에서 우리나라의 인권 신장을 자랑할 수 있게 되었을 때, 눈물이 날 지경이었다.

그렇다면 남의 나라의 인권을 신장하기 위해서는 어떠한 방법을 취해야 할 것인가. 공개적으로 비난하고 인권을 존중하라고 압력을 가해야 할 것인가, 아니면 체면을 살려 주면서 내용상으로 조용히 설득해야 할 것인가?

요즈음 북한 인권 문제와 관련하여 우리나라에서는 논쟁이 일고 있다. 우리 정부는 유엔에서 이 문제를 제기하는 결의안 표결에 불참하거나 기권해 왔다. 정부 결정에 동의하지 않는 사람들은 우리가 다른 나라의 인권 문제에는 찬성표를 던지면서 우리 민족인 북한의 인권 문제에 대해 기권하는 것은 비겁하고, 비도덕적이고, 외교적인 실책이라고 비판한다. 그러나 이에 대해 정부는 남북한 관계의 특수성을 고려하여 북한 주민의 인권을 보호하는 가장 효과적인 방법은 북한 정권과 호의적인 관계를 지속적으로 유지하면서 이들을 도와주고 간접적으로 이들의 인권을 신장시키는 것이라고 반박한다.

공개적으로 압력을 행사하는 것이 효과가 있느냐 아니면 역생산적이냐 하는 문제는 경우에 따라 다르다고 보아야 할 것이다. 1980년 김대중 전 대통령이 광주민주화운동으로 연금상태에 있을 때 그는 내란선동죄로 사형선고까지 받았다. 당시 미국의 카터 행정부는 전두환 대통령 대행에게 그를 처벌하지 말라고 공개적 압력을 행사했다. 그러나 실제로 효과를 본 것은 그해 11월 대통령에 당선된 로널드 레이건의 간접적인 외교였다. 그는 취임하기도 전에 전두환 대통령 대행과 비밀리에 접촉하고 취임 후 전두환 씨를 워싱턴에 초청하는 대신 김대중 씨를 석방해 달라는 거래를 했다. 결국, 조용한 외교는 떠들썩한 외교보다 훨씬 효과적이었다.

반면, 구소련은 미국이 공개적으로 경제적, 외교적 압력을 가한 결과 정치범들을 석방시키고, 안드레이 사하로프, 알렉산더 솔제니친과 같은 반체제 인사들을 풀어주고 유대인들의 이민을 허용했다. 유엔인권위원회의 결의안은 물론, 인권 관련 NGO들도 많은 경우 인권 신장에 결정적인 도움을 준다. 역효과의 가능성에도 불구하고 북한 인권 문제에 적극적으로 참여하는 것은 당위론적인 입장에서는 물론 외교적으로도 필요한 일일 수 있다. 북한 인권 문제에 불참한 한국은 비록 투표 후에 '투표 사유(EOV, Explanation of Vote)'로 설명이나 변명을 하고 있지만, 아무래도 다른 나라들에게 수세의 모습을 보일 수밖에 없다.

북한의 경우, 김정일 정권은 인권 문제에 대한 거론이 정권 약화나 전복을 목적으로 하는 정치적 압력이라고 반발하고 있다. 북한은 식량지원에서도 국제사회의 인도적 지원을 안 받는 한이 있더라도 식량을 제공하는 기관의 철저한 감시/모니터링은 받을 수 없다는 입장이다. 미국 의회가 북한인권법을 통과시킨 것과 관련해서도(비록 미국 행정부는 유보적인 입장을 취하고 있음에도 불구하고) 북한은 체제전복을 노린 정치적 계산이 있다면서 강하게 반발하고 있다.

인권 문제란, 특히 북한과 관련해서는, 인권 문제인 동시에 정치문제이기도 하다. 따라서 우리는 오불관언(나는 그 일에 상관하지 않는다)라고 해서도 안 되고, 동시에 이를 정치화하여 북한 정권 자체에 변화를 가져오는 방편으로 삼는 것이 주목적이 되어서도 안 될 것이다. 무엇보다 중요한 점은 '조용한 외교'와 '공개적인/떠들썩한 외교' 중 상황에 따라 북한 주민의 인권과 안녕에 가장 도움이 되는 방안을 선택하는 노력일 것이다.

맺음말

외교는 개인이 사회생활을 하면서 갖는 대인관계와 비슷한 점이 많다. 따라서 대인관계를 잘하는 사람은 외교도 잘하고, 반대로 외교를 잘하면 대인관계도 잘할 수 있다고 볼 수 있다. 물론 모든 면에서 똑같은 것은 아니다. 아무래도 개인과 개인 관계에서는 감정(희, 노, 애, 증)이 개입될 수 있고 그러한 감정이 중요한 부분을 차지할 수 있다. 그러나 개인 관계에서도 사적인 것이 아닌, 공적인(예컨대, 정부 안에서, 직장에서, 기업체에서, 또는 다른 사람이나 단체와 협상을 할 때) 관계에서는 되도록 감정을 개입시키지 않는 것이 좋을 것이다. 이것은 외교에서는 더욱 그래야 한다.

우리는 간혹, '할 말은 해야 한다'거나 '얼굴을 붉힐 때는 붉혀야 한다'라는 말을 듣는다. 이것은 너무나 당연하고 옳은 말이지만, 무엇이 할 말이며, 어떠한 때가 얼굴을 붉힐 때인가 하는 것은 신중하게 생각하여 결정해야 한다. 만약 그것이 철저한 계산 때문에 화를 내고 심한 말을 하는 것이라면 몰라도 감정에 못 이겨 또는 자신의 심리적 만족을 위해 감당하지 못할 말을 하고 화를 내는 것이라면, 이는 좋은 외교는 아니라고 생각한다.

결론적으로 몇 가지 외교에 대한 평론을 해본다.

첫째, 외교 협상에 있어서 상대방 입장에서 생각해 볼 필요가 있다. 이 말은 상대방 입장을 이해하고 이에 동조한다는 것이 아니라 상대방을 설득시키고 앞서 이야기한 공동의 이익을 추구하기 위해서는 왜 상대방이 어떠한 입장을 취하는가를 이해하는 것이 중요하다는 말이다.

둘째, 협상이나 협의 상대에 대하여 '건전한 회의감'(healthy skepticism)을 가질 필요가 있다. 이것은 상대를 무조건 불신하고 의심한다는 이야기가 아니라, 상대방이 무슨 이유에서든 간에 모든 것을 진실되게 말하지는 못할 것임을 전제하는 것이다. 최소한 행간의 의미가 있다는 것을 전제해야 할 것이다. 미국의 레이건 대통령은 '믿어라, 그러나 검증하라(Trust, but verify)'라는 말을 한 것으로 유명하다. 그리고 이것은 군축협상에 임하는 사람들이 금과옥조로 여기는 구절이다. 그러나 굳이 따진다면, '믿는데 검증은 왜 하나?'라는 질문을 할 수가 있을 것이다. 아마도 레이건 대통령이 하고 싶었던 말은 '못 믿는 상대라도 협상과 합의는 하되 그것을 철저히 검증하라'라는 것이었을 것이다. 상대를 얼마나 믿느냐는 물론 상대에 따라서, 또 과거의 경험에 따라서 다를 것이다. 또한, 때로는 상대의 선의와 좋은 인품에도 불구하고 약속을 지키지 못하는 경우도 생길 수 있다.

셋째, 일이 잘 안될 때를 대비하여 준비하는 것이다. 그것을 '예비 전략(backup position)' – 다른 표현으로 Plan B라고도 한다 – 이라고 할 수도 있고, '보험 조치(insurance policy)' 또는 '출구전략(exit strategy)' 이라고도 할 수 있다. 부시 대통령은 출구전략 없이 이라크에 들어가서 대내외적으로 고전했다. 나는 남북관계가 진전될 때, 북한을 도와주는 것은 좋지만 필요할 때, 또는 불가피할 때 그것을 조절할 수 있는 방법으로 해야 한다고 조언한 일이 있다. 독일이 통일되기 전 서독이 바로 그러한 정책을 가지고 동독을 지원하고 도와준 일이 있다. 무슨 일이건 잘 안 될 때 발을 뺄 수 없을 만큼 깊이 끌려 들어가는 것은 무모한 일이라고 생각한다.

넷째, 외교를 할 때나 대인관계를 가질 때, 피해의식에서 시작하는 것은 바람직하지 않다는 것이다. 강대국이 오만하면 외교적으로 그만큼 손해를 보듯이 상대적으로 약자가 강자에 대해 피해의식을 갖고 그 반감으로 외교를 수행하는 것은 이롭지 않다고 생각한다. 앞서 말했듯이 한 국가나 개인이 스스로의 이익을 추구하는 것은 비난받을 일이 아니다. 1776년에는 애덤 스미스의 『국부론』이 나왔고, 미국의 독립선언문이 나왔다. 국부론은 경제적 자유주의(liberalism)를 표방했고, 독립선언문은 정치적 자유주의를 근거로 했다. 이 두 개는 똑같이 개개인의 이익과 그 이익추구를 정당화했다. 애덤 스미스는 자유경쟁(laissez faire)으로서 무한정한 이익추구의 역작용을 완화하려 했고, 독립선언문에 기초한 미국 헌법은 권력분산으로 견제와 균형을 이루려 했다. 국제사회에서는 외교로서 이익추구의 역작용을 완화하고 공동이익을 발견함으로써 견제와 균형을 이루게 된다. 이러한 것이 smart boy

외교가 필요한 이유라 하겠다.

다섯째, 실용적인 태도가 필요하다. 감정, 이념, 정서보다는 실익과 현실을 중시하는 것이다. 중국의 후진타오 주석이 집권초기 부시 대통령을 상대한 것을 보면 의연하고 침착한 것이 돋보였다. 부시 대통령은 중국에 가기 전 일본 교토에서 대만의 민주주의를 칭찬하고 고이즈미를 친형제와 같다고 추켜올렸다. 이에 반해 중국에 가서는 중국의 인권상황, 종교의 자유 등과 같은 문제와 관련해서 중국을 비난했다. 그럼에도 후진타오는 흔들림 없이 부시와 실무상 해야 하는 이야기를 다 했고, 겉으로는 불쾌한 내색을 전혀 나타내지 않는 차분함을 보였다.

'외교가 포커와 같으냐, 바둑과 같으냐'라는 질문을 받을 때가 있다. 외교는 표정 관리 면에서는 포커와 같아야 하고, 전략 면에서는 바둑과 같아야 한다고 생각한다. 즉, 감정을 겉으로 드러내는 것은 이미 상대방에게 한 수 지고 들어가는 것이다. 상대방이 존경할 리가 없을 뿐 아니라 감정을 이기지 못하는 사람의 약점을 이용하려 할 것이다. 또 전략적으로는 바둑에서와 마찬가지로 앞으로 올 몇 개의 수를 내다보아야 할 뿐만 아니라 판 전체의 대세, 또 한쪽의 수가 판의 다른 곳들에 어떠한 영향을 주는가를 생각해야 할 것이다.

끝으로, 외교란 단면적이고 일차원적인 것이 아니라 다면적이고 다차원적인 것이다. 군사력과 경제력이 있는 것만 가지고 외교가 잘되는 것은 아니다. 설득력도 있고, 전략도 있고, 유능한 외교관도 있어야 한다. 외교에서는 하드파워보다 오히려 소프트파워가 더 중요하다고 할 수 있다. 외교는 외국인들만 잘 다루어서 되는 것이 아니다. 국내 인사들과 국내 정치도 잘 챙겨야 좋은 외교를 할 수 있다. 외교는 오케스트라를 지휘하는 것과도 같다. 어느 악기가 어느 때 무슨 소리를 얼마나 강하게 또는 약하게 내야 하는지, 아무 소리도 내지 말아야 하는지를 지휘하는 것이 외교 수장의 역할이다. 오케스트라의 지휘자가 여러 사람 있으면 안 되듯이 외교도 한 사람의 수장 지휘하에 일관성 있게 수행되어야 할 것이다.

지난 75년간 대한민국의 외교를 돌이켜볼 때, 대통령제의 한국 정부가 잘한 것도 있고 잘못한 것도 있다. 정부 수립 이전의 일이었지만 이승만 박사가 대통령에 취임하기 전 한반도의 분단 지속에도 불구하고 남한에서의 단독 선거를 주장했던 것은 잘한 일이라고 생각한다. 좌파는 이승만 박사의 단독 선거 주장 때문에 한반도에 두 개의 정부가 들어섰고 그것이 반영구 분단을 가져왔다고 비난한다. 그러나 국제적으로 인정받는 한국 정부가 남한에 수립되지 않았다면 한반도 전체의 공산화를 막기가 어려웠을 것이다.

박정희 대통령의 군사정권은 1965년 국내 반일 세력들의 극렬한 반대에도 불구하고 일본과 국교정상화를 위한 협정을 체결하였다. 그러나 당시 한국의 경제 발전과 한미동맹을 통한 안보 강화를 위해서는 일본의 한국 강점 역사에도 불구하고 일본과 화해하는 것이 한국의 국익에 부합하는 결정이었다.

노태우 대통령은 1988년 서울 올림픽을 기회로 한국의 북방정책(구 공산권 국가와의 외교 정상화)을 활성화하고 중국, 소련과의 외교 관계 수립에 성공하였다. 이는 우리의 외교 다변화와 대 북한 관계 유연화에 큰 도움이 되었다. 김영삼 대통령은 청와대가 외무부 인사에 개입하는 것을 금지하여 장관에게 인사권을 맡김으로써 능력 있는 인재들이 적재적소에 배치되어 활동할 수 있도록 도와주었다.

이명박 대통령은 2002년 실속 없이 독도를 방문하고 일본 천황의 사죄 필요성을 언급하면서 일본을 자극하여 한일 관계를 악화시키고 협력을 동결시키는 결과를 가져왔다. 문재인 대통령은 주요국의 주재 대사 선정에 있어서 전문성이나 경험보다는 일컬어 '코드'와 정치적, 개인적 인연을 중요시하여 효과적인 강대국 외교에 지장을 주었다.

2

종주국인가, 친구인가

한국과 중국

청일전쟁 전후의 한중 관계[1]

    기원전 2세기부터 중국은 한반도 일부를 점령한 바 있다. 즉, 중국을 통일한 전한(前漢)이 고조(高祖) 때인 108 BCE에 위만조선(衛滿朝鮮)을 멸망시키고 현재의 함경도, 평안도, 황해도, 강원도 북부에 낙랑군(樂浪郡), 임둔군(臨屯郡), 진번군(眞番郡)을, 그 이듬해에 현도군(玄菟郡)을 설치하였다. 진번군과 임둔군은 82 BCE에 낙랑군과 현도군에 합쳐지고 현도군은 75 BCE에 서북지역으로 축출되었으나 낙랑군은 평양지역을 중심으로 313 CE까지 400여 년간 한반도를 점령하였다. 이 사실은 중국이 2,000여 년 전 이미 한반도의 일부를 식민지로 지배하였다는 주장의 근거가 되고 있다.

    그 후 7세기 중엽 신라가 삼국을 통일하는 과정에서 나당연합군(羅唐聯合軍)의 도움으로 백제와 고구려를 차례로 굴복시킴으로써 666년 처음으로 통일된 한반도를 이루어내는 업적을 성취하였다. 10세기에

---

1 Han Sung-Joo 'Edwin O. Reischauer Memorial Lectures', Harvard University, April 1, 1998.

이르러서는 당시 한반도의 통일 왕국이던 고려가 중국을 지배하던 거란족의 대요(大遼)국과 주종국의 관계를 맺게 되었다. 이를 시작으로 그 이후에 연속으로 들어선 송(宋), 원(元), 명(明), 청(淸)은 한반도의 상대국인 고려(高麗)와 조선(朝鮮)과 유사한 종주-종속의 관계를 갖게 되었다.

이러한 역사적 주종 관계는 1894~1895년의 청일전쟁 이후 1895년 시모노세키 조약에서 중국이 한국에서의 종주국 위치를 포기하고 한국의 완전한 독립을 인정함으로써 파기되었다. 그 이후 반세기에 가까운 기간 동안 중국 자신이 열강의 압박과 지배를 경험하고 한국이 일본의 피지배국이 되어 있는 동안 중국의 존재는 한반도에서 소멸되다시피 하였다. 다만 중국은 한국에서의 독립운동을 간접적으로 지원하는 역할을 떠맡게 되었다. 즉, 중국의 국민당은 한국의 임시정부와 독립군 활동을 지원하였고, 공산당은 북중국 방면에서 활약하던 조선의용군과 김일성이 참여하던 동북항일연군(東北抗日聯軍)을 후원하는 역할을 하였다.

한국이 일본의 지배에서 해방되던 1945년부터 한국전쟁이 발발한 1950년까지 중국은 당시 미국과 소련의 분단 지배를 받고 있던 한국에 대하여 이렇다 할 존재감을 갖지 못하였다. 우선 중국 자체가 국민당과 공산당 간의 내전에 휩싸여 있었던 것이다. 다만 중국에서 독립운동에 참여했던 한국인들은 귀국 후 각자 기존의 제휴 관계를 반영, 남쪽으로 귀환한 사람들은 친국민당적 성격을 가졌고 북한으로 돌아온 사람들은 중국 공산당의 지원을 받았다. 이 기간 중 한국에 가장 큰 영향력을 행사한 국가는 미국과 소련이었으므로 중국 안에서 자웅을 겨루고 있던 국민당과 공산당은 한국에 대해 관심을 기울이거나 영향력을 행사할 아무런 여력을 갖지 못했다.

중국은 왜 한국전쟁에 참전했나

1950년의 한국전쟁 발발은 한반도(특히 북한)에서의 중국의 역할을 증대시키는 계기가 되었다. 한국전 발발에 있어서 중국이 어떠한 역할을 했느냐에 대해서는 여러 가지 설이 있었다. 한국전을 계획하는 데 중국이 적극적으로 참여했다는 설이 있는 반면 일부 학자들은 김일성과 스탈린이 한국전을 계획할 때 중국은 대체로 소외되었다고 주장한다. 그러나 냉전 이후 러시아에서 개방된 문서들에 의하면 최소한 마오쩌둥(毛澤東)은 한국전 계획에 대하여 알고는 있었고 묵시적으로 승인했을 것으로 보고 있다. 그러나 당시 북경의 우선적인 정책 목표는 그자신이 집중하고 있는 장제스(蔣介石) 정권과의 중국 내전을 완료시키고 대만을 석권하는 것이었다.

한국전이 진행됨에 따라 중국은 전쟁의 결과와 관련하여 중심적이며 결정적인 역할을 수행하게 되었다. 중국의 개입이 없었다면 북한의 김일성은 분명 한반도에서 완전히 축출되었을 것이며 따라서 한반도는 이승만 대통령이 주도하는 남한에 의해 통일되었을 것이다. 김일성 정권이 계속 존속하면서 전쟁이 종식되었더라도 중국의 지속적인 개입이 없었더라면 유럽에서 동독이 체험했던 것처럼 소련의 피지배국이 되었을 것이다.

중국은 한국전쟁 중 왜 대규모의 군대를 파견하기로 하였을까? 아마도 중국으로서 최우선적인 고려 사항은 중국 자신의 안보에 대한 우려였을 것이다. 중국은 한국전이 시작되면서 미국이 제7함대를 대만해협에 파견한 것에 분노했다. 동시에 트루먼 대통령은 남한 지원을 위하여 지상군을 파견하기 전에 유엔군 대응의 일환으로 미국의 공군과 해군력을 투입했다. 전쟁이 시작된 지 100일 후인 1950년 10월 7일에는 미국은 중국의 집중적인 외교적 저지 노력에도 불구하고 유엔군 산하의 미군을, 후퇴하는 북한군을 쫓아 38선을 넘어 북한으로 진입시켰다. 이미 약화되고 괴멸되어 가는 북한군은 빠른 속도로 후퇴하였으며 유엔군은 북으로 전진하여 중국과의 경계선을 이루고 있던 압록강과 두만강에 접근하였다.

트루먼 대통령이 공산군의 진입이 남한에서 그치지 않을 것을 우려해서 한국전 개입을 결정했던 것과 같이, 중국은 미국의 전진이 한·중 국경에서 머무르지 않고 중국 자체를 위협할 것을 우려했다. 마오쩌둥은 한반도에 중국과 미국 사이의 완충지대를 구축할 필요를 느꼈으며, 동시에 가능하면 미국의 아시아에서의 진격에 결정적인 타격을 가해야 한다고 판단하였다.

이러한 전략적인 고려 사항 이외에도 중국 개입의 또 하나의 이유는 중국 정부가 북한이 소련과 이념적 연대를 유지하도록 도와줄 필요를 느꼈기 때문이다. 당시에 중국과 소련 간에는 상호 불신과 불만의 요인들이 없던 것은 아니었으나 그때까지만 해도 마오쩌둥은 중·소 간의 공동의 이념적 투쟁에서 소련을 선배 동반자로 여기고 있었다. 당시의 한중 관계와 관련하여 이채진 교수는 다음과 같이 추정하였다. '중국이 한국전에 개입하지 않았더라면 중국은 아시아에서의 혁명 운동의 리더십을 잃는 한편 중국의 국제적 위상을 상실하고 중국 내부의 반혁명 분자들의 용기를 돋워주는 결과가 되었을 것이다.'[1]

중국의 한국전 개입의 세 번째 이유는 주변 국가에 대한 중국의 전통적이고 역사 문화적인 태도에서 찾아볼 수 있을 것이다. 중국은 과거 여러 세기에 걸쳐 한국을 포함한 주변의 약소국들이 역외 세력에게 지배받는 것으로부터 '보호자' 역할을 자처해 왔다. 마오쩌둥과 그의 동료들은 북한의 생존을 위한 투쟁을 중국이 지원해야 할 의무가 있다고 믿었을 것이다.

중국이 한국전에 개입하게 된 데는 두 가지 요인이 크게 작용하였다. 하나는 스탈린이 마오에게 중국이 북한을 지원할 경우 중국에 무기와 전투기 등 군사적 지원을 하겠다고 약속한 것이었다. 결국 그러한 약속이 이행되지는 않았지만, 이는 마오의 한국전 개입 결정에 크게 작용했음이 틀림없다. 또 하나의 요인은 미국이 중국의 한국전 개입 가능성에 대하여 애매하고 안일한 태도를 보였다는 점이었다. 미국이 중국의 개입을 저지하려는 명백한 의지를 보이지 않았던 것은(예컨대 미국

---

1 Chae-Jin Lee and Doo-Bok Park, *China and Korea: Dynamic Relations* (Stanford:: Hoover Institution Press, 1996), p. 151.

이 중국에 핵무기를 쓰지 않겠다는 시그널을 준 사실[2] 등) 중공군이 대규모로 압록강을 건너 참전하는 결정을 단행하는 데 긍정적 역할을 하였다.

결과적으로 중국은 수십만의 '의용군'을 한국전에 파견하여 전진하는 유엔군과 그에 속하는 미군과 한국군의 북진을 저지하는 데 성공하였고, 많은 인명을 희생시켜가며 한국과 이승만 대통령의 반대에도 불구하고 미국과 현재의 비무장지대(DMZ)에서 정전한다는 합의를 확보하는 데 성공하였다. 따라서 중국은 1953년 체결된 한국 정전 합의의 서명국이 되었으며 그 이후 북한의 정치와 외교는 물론 한반도 안보 문제에 큰 영향력을 갖는 관련국이 되었다.

---

2   중국은 제3국을 통한 정보에 근거하여 트루먼이 중국에 핵무기를 사용하지 않을 것이라고 판단했다. Roger Dingman, 'Atomic Diplomacy during the Korean Conflict', *International Security*, Winter(1988~1989)

한국전쟁의 정치·외교적 파장
한반도에서의 미국·중국·소련의 역할

한국전쟁은 미중 관계와 한중 관계에 여러 가지 면에 있어서 지대한 영향을 미치는 결과를 가져왔다. 그 하나는 중국과 미국이 한국전 이후 20여 년간 적대적 관계를 갖게 되었다는 점이다. 중국은 소련과 더불어 미국의 봉쇄정책(containment policy)의 중요한 대상이 되었고 20여 년에 걸쳐 무역 봉쇄의 고초를 겪어야 했다.

중국의 한국전 참전 두 번째 결과는 대만을 국민당 통치로부터 해방시켜 통일하려는 중국의 노력에 미국이 결정적인 방해꾼 역할을 하게 되었다는 점이다. 미국은 1954년 대만과 안보 조약을 체결하고 이에 따라 통상적으로 대만 수역에 미국 제7함대를 파견하여 대만에 대한 중국의 군사적 침공을 저지하는 역할을 하였다. 미국은 1972년 중국과 공식적인 화해(rapprochement)에 합의한 이후에도 대만에 대한 보호우산을 제공해 주었다. 그 단적인 예가 1995년 가을, 대만해협의 위기를 계기로 보여준 미국의 무력시위였다고 하겠다. 당시 중국은 대만 영해 부근으로 미사일을 발사했는데 이에 대해 미국은 항공모함 등 여러 전함들을 이 지역으로 파견함으로써 중국에 경고를 보내고 대만을 보호하겠다는 의지를 과시하였다.

중국은 한국전에 개입함으로써 유엔의 회원국이 되는 기회를 뒤로 미룰 수밖에 없게 되었다. 한국전쟁 중 유엔은 중국을 침략자로 규정하였으며 1972년 미·중 화해가 이루어질 때까지 중국이 대만을 대체하여 회원국이 되는 것은 물론, 유엔 안전보장이사회의 5개 상임이사국의 하나가 되는 길도 꽉 막히게 되었다.

한반도와 관련해서는, 중국의 한국전 참전으로 중국과 소련에 대한 북한의 등거리 정책에도 불구하고 중국의 대북 영향력이 확고하게 뿌리박히게 되었다. 애당초 북한의 대남 침략을 허용한 소련은 미국과의 대결을 두려워하여 미국에 맞설 용기를 내지 못하였다. 대조적으로 중국은 한국전에 다수의 군대를 파견했을 뿐만 아니라 막대한 인적 희생을 감수하였다. 중국의 이러한 대북 지원은 당연히 중국의 대북 영향력 확보에 기여하였다.

그럼에도 불구하고 북한은 중국과 소련 사이에서 한쪽으로 기울지 않는 균형 정책을 취했지만, 중국과 북한의 관계는 순조로운 것만은 아니었다. 북한의 집권자 김일성은 북한 내부에 친중 세력의 부상을 경계하였고 전쟁이 끝난 지 얼마 지나지 않아 그들을 숙청했다. 1956-1958년 기간 중 김일성은 중국, 소련 양대 세력에 대해 불만을 갖게 되었다. 그 이유는 중국의 경우 마오쩌둥이 대약진 정책을 너무나 과격하게 추진했기 때문이고, 소련의 경우 스탈린의 후계자들이 탈 스탈린

정책을 추진했기 때문이었다.

중국이 1958년 군대를 북한으로부터 철수한 이후 북한 정부는 1961년까지 소련에 더 접근하는 정책을 취하였다. 평양이 특히 중국에 대하여 불만을 가졌던 이유는 문화혁명 와중에 중국의 극단파들이 김일성과 그의 정부를 스탈린식의 수정주의자로 묘사했기 때문이다.

그러나 북한은 1970년대 초 중국과 소련 모두가 미국과 데탕트(소련의 경우)와 화해(중국의 경우)를 추구하는 것에 불안감을 느끼기 시작하였다. 중·소 동맹국들의 '배신'을 감지함에 따라 북한은 박정희 대통령의 남한 정부와 대화를 추구하기로 결정하였다.

이렇듯 관계가 냉각했음에도 불구하고 중국은 변함없이 북한을 지원하는 입장을 견지하였다. 중국은 1969년 조인한 상호 협력과 지원 조약에 따라 북한에 경제적·군사적 지원을 제공하였다. 중국이 북한과 이러한 '특별한 관계'를 지속했던 데는 여러 가지 이유와 목적이 있었다.

첫째, 중국은 미국이 지배적 위치에 있는 남한과 북한이 중국과 미국 사이의 완충지대를 제공하고 있다고 믿었다. 중국이 북한과의 관계를 입술과 이, 즉 순치(脣齒)의 관계라고 믿었던 것은 이해할 만한 일이다.

둘째, 중국 입장에서 북한은 소련과의 라이벌 관계에서 뜻밖의 보상품(prize)이었다. 따라서 평양은 중소분쟁이 격렬한 삼각관계에서 상당한 어부지리를 기대할 수 있었다. 중국에게 북한은 정치적 아우와도 같은 존재였으며 중국은 세계의 사회주의 영역, 특히 아시아에서 북한을 하나의 모범 사례로 과시할 수 있었다.

북한 입장에서 중국과의 관계가 특별했던 이유는 미국과의 투쟁 과정에서 가장 중요한 맹방 중의 하나였다는 점에 있었다. 냉전이 끝나고 평양이 중소분쟁을 활용할 기회가 사라진 다음 중국은 북한의 경제적, 정치적 파산을 막아줄 유일한 보루였으며 식량과 에너지 등 필수 품종들을 제공해 줄 수 있는 유일한 우방 국가였다. 이러한 이유에서 북한은 강대국 간에 화해와 공존이 횡행하는 시절에도 중국은 굳건히 북한을 지지하고 남한 정부를 승인하지 않을 것으로 기대했다.

실제로 강대국 관계가 변화하는 과정에서도 수년간 중국과 남북한 그리고 미국과 남북한이 구성하는 두 개의 삼각관계에는 커다란 변화가 일어나지 않았다. 강대국 관계(중·미, 미·소, 중·소)와 남북한과 강대국(미, 중, 소) 관계가 냉각에서 온난으로 가기까지에는 10여 년의 시간적 갭이 있었다고 볼 수 있다. 결국은 1991년과 1992년 소련이 편 가름을 바꾸고 중국이 지각변동을 일으킬 때까지 강대국 간의 화해가 남북한과 그들과의 관계에까지 미치게 되었다.[1]

---

[1] Don Oberdorfer, *The Two Koreas: A Contemporary History.*

한중 수교의 막전 막후

1992년 대한민국과 중화인민공화국의 외교 관계 정상화가 하루아침에 성사된 것은 아니다. 1980년대 초를 시작으로 하여 중국이 한국과의 외교적 관계가 필요하고 동시에 가능하게 하는 일련의 사건들이 일어났다. 첫 번째 것은 '납치 외교'라고 부를 수 있는 사건이었다. 1983년 여섯 명의 중국인이 105명의 승객과 승무원이 탑승한 중국 여객 항공기를 납치하여 한국으로 강제 비행했던 일이다.

이 문제로 중국과 한국의 당국자들 간에 협상이 열렸고 결과적으로 승객과 항공기 그리고 납치범까지 중국으로 송환시키는 데 합의하고 그것이 실현되었다. 양국이 서명한 메모랜덤에서 중국이 처음으로 '대한민국 외무부'를 인정하고 언급하였다. 이것이 최초로 중국이 한국 정부의 권위를 사실상 그리고 법적으로 인정한 사례가 되었다.

두 번째 에피소드는 '어뢰함 외교'라고 부를 수 있는 것이었다. 1985년 중국 해군의 어뢰함(torpedo boat)에서 반란이 일어나 양국은 또 한 번 국가 대 국가의 협상에 임할 기회를 얻게 되었다. 이 문제의 해결을 위하여 중국의 신화통신사 대표와 한국의 홍콩 주재 총영사 간에 협상이 시작되었고, 결과적으로 한국은 중국의 요청대로 어뢰함과 반란자들을 포함하는 승무원 전부를 중국에 인도하는 데 합의하였다. 대신에 한국 정부는 중국 외교부로부터 공식적인 사과 메모랜덤을 전달받았다.

세 번째는 '회담 외교'라고 부를 수 있는 것으로, 한국의 정부 관리들이 중국에서 유엔이 주최하는 공식적인 국제 회담들에 참석하는 것이었다. 그 첫 번째 것은 1983년에 열린 수산물 양식에 관한 것이었고, 두 번째는 1985년에 열린 팔레스타인에 관한 회의였다. 이에 덧붙여 1986년에는 아시안 게임이, 1988년에는 올림픽 게임이 한국에서 열렸는데 이 두 대회에 다 중국이 대규모의 선수단을 파견하여 한중 간의 접촉과 교류 확대에 좋은 기회가 되었다.

1991년에는 'APEC 회의'가 한국과 중국에 직접 외교적 접촉을 할 수 있는 기회를 제공하였다. 서울에서 열린 1991년의 APEC(Asia-Pacific Economic Cooperation, 아태경제협력) 회의에서는 한국의 외교적 주선으로 중국과 대만 그리고 홍콩이 '경제체'의 자격으로 공식 회원이 되는 합의를 끌어냈다.

이상과 같은 예기치 않았던 일련의 접촉 끝에 드디어 중국과 한국은 1992년 8월 공식적으로 외교 관계를 수립하게 되었다.

중국은 왜 북한의 결사반대에도 불구하고 그것을 무릅쓰고 한국 정부를 승인하기에 이르렀는가? 국제 관계의 커다란 맥락에서 볼 때, 냉전의 종식과 미·중 간의 화해는 중국이 남한을 적진의 구성원으로 간주할 필요가 없다고 인식하게 만들었다. 그뿐만 아니라 중국 내부의 정책적 우선순위에서 경제 발전이 정치나 안보보다 앞서는 문제가 되었다. 그러한 관점에서 본다면 중국이 한국과 관계 정상화를 추구한 가장 중요한 이유는 경제적인 것이었다고 할 수 있다. 중국은 한국을 새로 등장하는 경제체로 인식하였고 그만큼 한국과 교역 및 투자 관계를 확대하는 것이 중요하다고 판단하였다.

중국이 한국에 갖는 관심은 무역과 투자에만 있었던 것은 아니다. 중국은 특히 한국의 급성장이 '발전적 권위주의(독재적인 정부가 시장경제 원칙에 입각하여 경제 발전을 도모하는 것)'에 의한 한국식 발전 모델 덕분이었다고 판단하였다. 중국으로서는 초기의 경제적 도약을 위해서는 남한이 북한보다 훨씬 매력적인 모델이자 유용한 파트너가 될 것으로 판단한 것이다.

중국이 한국과의 관계를 정상화하는 또 하나의 동기가 있었는데 그것은 소련이 이미 한국과 국교를 정상화했다는 사실이었으며 그러한 정책은 덩샤오핑의 묵시적인 승인을 받았음에 틀림없다. 이러한 국내외의 움직임은 중국으로 하여금 한국이라는 '밴드 왜건'에 올라탈 길을 열어주었을 뿐만 아니라 그러한 기회를 놓치면 안 되겠다는 생각을 하게끔 만들어주었다.

그러나 중국이 한국과의 공식적 외교 관계 수립이라는 큰 걸음을 내딛기 위해서는 두 가지의 장애를 극복하지 않을 수 없었다. 그 하나는 북한의 강력한 반대를 넘어서는 것이었고 또 하나는 중국이 '남북한 두 개의 코리아'를 인정하는 동시에 자국의 '하나의 중국' 정책을 훼손하지 않는 방법을 강구해야 한다는 점이었다.

북한으로 하여금 불가피한 결정(남한과의 외교 정상화)을 받아들이게 하려고 중국은 첸치천(錢其琛) 외교부 부장(우리의 장관에 해당)을 포함하는 고위 사절단을 북한에 파견하였다. 첸치천 부장은 평양에서 김일성 주석을 만나 중국이 남한과 국교를 수립하면 북한이 미국, 일본과 외교 정상화를 하는 데 도움이 될 것임을 역설하였다. 동시에 중국은 북한으로부터 '하나의 중국' 정책을 고수하겠다는 약속을 받아냄으로써 중국의 남한과의 외교 정상화가 하나의 중국 정책과 어긋나지 않는다는 점을 확인할 수 있었다.

국교 정상화, 그 이후의 한중 관계

한국과 중국은 1992년 외교를 정상화함으로써 경제를 중심으로 모든 분야에서 비약적인 관계 확장을 이루게 되었다. 1992년 80억 달러에 머물렀던 교역 관계는 5년 후인 1997년에 와서 200억 달러라는 고지를 달성하였다. 이는 미국과의 교역액의 3분의 1에 해당하는 금액이었다. 같은 해 한국은 중국의 넷째 가는 수출국이 되었고 다섯째로 큰 수입국이 되었다. 1997년에 한국은 대중 누적 투자액이 45억 달러에 달함으로써 세계에서 넷째 가는 투자국이 되었다. 따라서 중국의 입장에서 경제적 도약 초기에 한국은 주요한 교역의 파트너인 동시에 불가결한 투자와 기술의 원천국이 되었다. 더구나 한국으로서는 중국이 무역에서 상당한 액수(40억 달러)의 흑자를 내는 교역 상대국이 되었다.

국교 정상화를 이룬 이후 30년 가까운 기간 동안 경제적 수치를 떠나서도 중국과 한국은 양국 관계에 있어서 장족의 발전과 확대를 이룩하였다. 한국과 중국은 무관과 군사 대표단을 교환하였고, 항공협정을 맺어 상호 방문의 길과 방법을 넓힌 결과 방문객의 숫자가 급증하였다.

한국과 중국의 경제 관계가 순탄했던 것만은 아니다. 1997년에 한국에서 IMF 위기로 알려진 외화 고갈 사태가 일어났기 때문이다. 한국이 외화 관리의 실패로 금리가 치솟고 자산 가치가 급락하고 경제가 바닥에서 허덕일 때 중국은 그들이 의식, 무의식적으로 꾀하던 '한국 모델'의 모방을 재고할 수밖에 없게 되었다. 한국이 대규모로 중국에 투자하는 것을 어느 정도 장래(將來)로 미루어 둘 수밖에 없었다.

이후 마늘 분쟁(2000년), 사드 사태(2017년) 등 우여곡절을 겪은 두 나라 관계는 지금도 미래를 예측하기 어려운 상황이라고 할 수 있을 것이다.

1996년 중국을 찾은 한국인은 60만 명에 이르렀고 한국을 방문한 중국인 숫자도 70만에 이르렀다.[1] 중국은 1992년 한국이 대만과 외교 관계를 단절한 것을 환영하였으나 다음 해(1993년) 공식 관계를 재개하는 것을 묵인하였다. 김영삼 대통령은 1994년 북경을 방문하고 장쩌민(江澤民) 중국 주석이 1995년 한국을 방문하는 등 정상 간의 교환 방문도 이루어졌다.

경제적 요인 이외에 한중 관계에 또 하나의 중요한 자극 요소가 되었

---

[1] 2018년 기준 중국을 방문한 한국인은 700만 명, 한국을 방문한 중국인은 200만 명이었다. 중국과 한국 간의 항공편은 하루에 300편, 1주일에 2,100편에 이르렀다.

던 것은 약 200만 명에 달하는 조선족으로 알려진 한국계 중국인이었다. 양국 언어에 익숙한 이들은 교역의 매개, 노동력 제공, 사회와 인적 교류에 기여함으로써 양국 관계의 확대에 크게 기여하였다.

한국은 중국의 중요한 경제적 촉진제 역할을 하였다. 그러나 한국으로서는 중국이 경제뿐만 아니라 정치적으로도 중요한 나라였다. 북한에 대하여 실질적인 영향력을 가진 유일한 나라로서 북한발 위기 상황에서 중국은 필수적이고 대체로 건설적인 역할을 하였다. 중국은 통상적으로 평양과 워싱턴 그리고 평양과 서울 간의 소통에 메신저 역할도 하였다. 1993년 이후 북한은 핵무기와 미사일 개발 문제로 미국과 한국에 도발적인 행동을 취해 왔는데 중국은 북한의 도발을 자제시키고 미국, 한국, 일본 등 피해 당사국들과의 소통을 증진하는 데도 상당히 건설적인 역할을 하였다.

3

동맹인가, 형제국인가

한국과 미국

'형제'로 만나 혈맹이 되다

한국과 미국의 첫 접촉

한미 관계는 19세기인 1855년에 시작한다. 그해 네 명의 미국 선원이 파선된 고래잡이 함선에서 뛰어내려 한국 연안에 표류하였다. 그 함정의 이름은 '두 형제(Two Brothers)'였는데, 이것이 우연의 일이기는 하지만 한국인과 미국인이 최초로 만나게 되었다는 점에서 역사적으로 중요한 의미를 갖는다.

아무런 적의도 없고 잘 알려지지도 않았던 '두 형제호' 사건과 달리 1866년 미군 함정 '셔만 장군호(SS General Sherman)'의 조선 침범 사건은 두 나라 역사상 최초의 적대적 접촉이라고 볼 수 있다. 대동강을 따라 평양 가까이까지 접근한 셔먼호가 좌초되자 평안 감사는 군대를 보내 함정을 불태우고 승무원 23명 대부분을 살해해 버린 것이었다.

그 127년 후인 1993년, 한국의 김영삼 대통령은 한미 관계와 관련하여 '우리는 진정한 혈맹'이라고 선언하기에 이르렀다. 같은 해 빌 클린턴 미국 대통령은 이보다 한 걸음 더 나아가 '한미 양국은 누구도 흔들 수 없는, 그 어느 때보다 강력한 동맹국'이라고 선언하였다. 그리고 두 나라 대통령들은 양국의 우의와 유대를 더 공고히 하기 위해 백악관 회의 석상에 마주 앉았다.

이렇듯 한미 양국은 19세기 상당히 불우한 만남으로 시작하여 각종의 사단(事端)과 정중한 의식(儀式)을 거쳐 공고한 동반자의 관계를 갖게 되었다. 그러나 한미 양국은 친밀하고 효과적이면서도 때로는 인식과 목표, 능력과 영향력의 비대칭성을 동반하는 동맹의 관계로 발전하였다. 오늘날 우리가 한국과 미국 그리고 중국 3국 간의 삼각관계를 분석할 때, 한국과 중국 간의 관계는 물론 한미 간의 애증 섞인 관계를 따로 고찰해 볼 필요가 있다.

동상이몽의 두 나라

한국(조선)과 미국의 초기 외교 관계

한국이 1882년 미국과 '평화, 우호 통상 및 항해에 관한 조약(Treaty of Peace, Friendship, Commerce and Navigation)'을 체결했을 당시 이 조약은 우호적 관계에 기반을 둔 것이었다. 한국은 미국이 일본과 러시아 등 열강의 제국주의적 야심으로부터 보호해 줄 것을 기대했다. 미국의 외교인들은 한국에 우호적인 태도를 보이고 있었으며 한국을 옹호해 주는 모습을 보였다.

그러나 20세기에 들어와 1905년 한국과 미국의 초기 우호 관계에 금이 가는 것을 볼 수 있다. 미국이 일본의 한국 지배를 인정해 주는 태도를 보였기 때문이다. 그 대가로 미국은 가쓰라 태프트 밀약(The Katsura-Taft Agreement)을 통하여 일본으로부터 미국의 필리핀 지배를 인정받았다.

그 후 한국이 일본의 본격적인 식민지배로부터 해방될 때까지 40여 년 동안, 미국의 한국에 대한 우호적 관심은 기독교 선교사들, 교육자들 그리고 자선사업가들에 국한되었다. 이러한 미국인들은 수로는 많지 않았으나 이화학당, 배재학당 등 현대적 교육기관을 세우고 한국인들의 미국 유학을 주선하는 등의 활동으로 한국에 미국의 문화와 교육을 전파하는 데 커다란 역할을 하였다. 그들은 개인적인 자격으로 한국인의 독립에 대한 염원을 지원해 주기도 하였다.

제2차 세계대전 중 미국은 한국의 주권 회복이라는 문제를 1943년 카이로 회담, 1945년 포츠담과 얄타 등지에서 열린 참전국 회의에서 취급하지 않을 수 없게 되었다. 한국 문제에 대하여 제한된 지식과 관심만 가졌던 미국은 한국 독립에 대하여 대체로 불명확한 해결책을 내놓을 수밖에 없었으며 그 결과는 혼란스럽고 분쟁을 야기하는 방법론에 지나지 못하였다. 이에 대하여 하버드대학의 라이샤워(Edwin O. Reischauer) 교수는 뉴욕타임스에 기고한 글에서 '한국의 분단(2차대전 이후)은 대체로 여타국들의 무경험의 결과였다.'라고 지적하고 있다.[1] 궁극적으로 미국은 깊은 생각 없이 일본으로부터 해방된 한국을 소련과 분할 점령하기로 합의했고 이것은 오늘(2020년)에 이르기까지 한국의 좌파들이 한국 분단의 책임은 미국에 있다는 주장을 계속하게 만들었다.

일본이 항복한 이후 미군은 일본군을 비무장시키는 것을 우선적인 목표로 하여 최초로 1945년 9월 8일 한반도에 상륙했고 이들의 주둔지는 두 명의 미국 육군부와 국무부의 참모 장교들, 본스틸(Charles H.

---

[1] Sung-Joo Han, *After One Hundred Years: Cotinuity and Change in Korean-American Relations* (Seoul, Asiatic Research Center, Korea University, 1982), pp. 355-405

Bonesteel) 대령과 러스크(Dean Rusk) 중령이 2차 대전이 끝나가는 시점에 성급히 책정한 경계선인 북위 38도 이남으로 국한되었다.[2]

---

2 38선을 확정한 것은 미국 국무부, 육군부, 해군부 기관원의 협의체인 3부 조정위원회(SWNCC)였다. 소련군이 만주 전략공세작전을 개시한 후, 3부 조정위원회 위원장인 국무차관보 제임스 던(J. Dunn)은 1945년 8월 11일에 육군부 작전국에 소련군의 남진에 대응하여 미국이 서울과 인천을 점령하도록 하는 군사분계선을 강구하라고 지시했다. 이에 미국 육군부 작전국의 본스틸(이후 주한 미군사령관 역임) 대령과 미 육군 장관 보좌관이었던 딘 러스크(이후 케네디와 존슨 정부에서 국무부 장관 역임) 중령은 작전국에 걸려 있던 내셔널 지오그래픽사의 벽걸이 지도에 38선을 그어본 후 38선 분할 점령 안을 미국 합참과 3부 조정위원회에 보고했고, 이 안이 대통령에게 보고되어 '일반 명령 제1호'로 맥아더 사령관에게 전달되었다. 38선 분할 점령 안을 미국이 제안하자 소련은 별 이의 없이 이를 받아들였고, 1945년 8월 23일 개성시까지 내려갔던 소련군은 9월 초에 38도선 이북으로 철수했다.

한국은 어떻게
미국에 의존하게 되었나

대한민국 정부 수립 후의 한미 관계

1948년 남한에 대한민국 정부가 수립된 이후 외교정책의 최우선적 관심사는 미국과의 관계였다. 결국 미국은 이때부터 남한지역에 수립된 대한민국의 주된 후견국인 동시에 외부로부터의 군사 위협에 대한 보호자 그리고 주요 경제 지원국이 되었다. 사실상 미국은 한국 외교의 전부나 다름없었다.

이승만 대통령은 정부의 요직을 맡을 사람을 선정할 때 미국과 일해본 경험이 있다든가 최소한 미국과 같이 일할 수 있는 사람을 인선의 우선적인 요건으로 고려하였다. 따라서 이승만 정부의 내각은 이러한 서양, 특히 미국과 친밀하게 일할 수 있는 사람을 선호하는 대통령의 성향을 반영하였다. 이것은 이승만 대통령이 그의 80년 일생 중 40여 년을 학생과 망명 애국자로 미국에서 보낸 것에 비추어 당연한 일이었다고 볼 수 있다.

1945년 이전 미국은 이승만 박사의 민족운동에 별로 관심을 갖지 않았다. 그러나 이 박사 자신은 한국이 독립을 쟁취하기 위해서는 미국의 도움이 필요하다는 신념을 굳게 가지고 있었으며 한국에 독립 정부가 수립된 후에는 경제 발전과 안보의 확보에도 미국의 지원이 필수적이라는 생각에 변함이 없었다. 이러한 면에서 미국은 이승만 대통령의 지적, 심리적 지주(支柱)가 되어주었다고 할 수 있다. 결과적으로 이승만 대통령은 그가 취임한 후 12년간 미국과의 관계에 있어서 한국이 미국에 전적으로 의존하게 만드는 장본인이 되었다.

식민지배 경험과 사대주의

한국이 미국에 의존하는 데 주저하지 않게 만든 또 하나의 요인은 2차 세계대전 이전 한국이 주로 서양 국가들에 지배받던 다른 피(被)식민 국가들과 달리 비서양 국가인 일본의 지배를 받았다는 점이다. 이와 관련하여 한국의 민족주의운동의 권위자인 이정식(李庭植) 교수는 다음과 같이 지적하고 있다. 즉, '한국이 비서양 국가인 일본의 식민지였다는 사실은 한국의 민족주의가 다른 피식민지의 민족주의와 다른 특수한 성격을 갖게 하였다. 세계의 피식민지 민족주의의 대부분은 백인들의 서방국가를 최소한 의심의 눈으로, 최악으로는 증오의 감정으로 대하게 만든 반면, 한국의 민족주의자들은 서양 세계를 새로운 문명의 자유주의의 개척자로 여기게 되었다.'[1]

---

[1] Chongsik Lee, *The Politics of Korean Nationalism* (Berkeley, the University of California Press, 1960).

동시에, 역사상 오랫동안 중국의 속국 입장이었던 한국에는 강대국을 추종하는 '사대주의' 전통이 살아 있었으며 20세기에 들어와서도 한국의 지도층에 그러한 사고가 남아 있는 경향을 보이고 있었다. 해방된 한국에서 그러한 사대주의 전통이 얼마나 미국에 자진하여 의존하는 사고방식에 기여했는지는 가늠하기 어렵다. 그러나 사대주의가 최소한 미국에 대한 의존성을 한국의 지도층뿐만 아니라 일반 대중에게도 받아들이게 만들었을 가능성은 크다고 하겠다.

미국은 어떻게 한국의 보호자가 되었나

물론, 미국에 대한 한국의 과도한 의존은 미국이 한국을 지원하려는 긍정적인 호응이 없었다면 불가능한 일이었다. 그러나 군사, 안보 면에 있어서 정부가 수립된 1948년부터 한국전쟁이 발발한 1950년까지 한국의 안보를 강화해 달라는 이승만 대통령의 간청은 미국에 의하여 대체로 무시되었던 경향이 있다. 이러한 사정은 한국전쟁이 일어나고 미국이 이에 참전한 이후에 급변하였다. 한국전에서 인명(人命)과 물자(物資) 면에서 막대한 대가를 치른 미국으로서는 한국에서 공산 세력에게 승리를 안겨준다는 것은 자국의 권위와 신뢰성에 커다란 손실을 의미하는 것이었다. 한국의 방위는 전략적 가치를 훨씬 뛰어넘는 상징적 중요성을 동반하게 되었다.

미국은 1950년 6월 북한이 남한을 침입했을 때 남한이 북한에 접수되지 않도록 도와주었다. 미국은 한국전에서 37,000여 명의 전사자를 내었고 170억 달러의 비용을 부담하였다. 전쟁이 끝나면서 미국과 한국 정부는 상호방위조약(Mutual Defense Treaty)을 체결하였고 그것은 2020년대에 이르기까지 양국 간 동맹 관계의 법적 기반이 되어왔다. 1953년 이후 대한민국은 북한의 군사적 재침을 억지하는 데 미군의 한반도 주둔, 미국의 공군·해군의 보호에 전적으로 의존하였다.

한국전 이후 여러 가지 요인들―안보적 고려, 반공 정서, 한국전에 제공한 인적·물적 투자의 보호, 미·소 갈등 그리고 미국 외교정책의 세계 문제에 대한 개입 경향 등―은 미국으로 하여금 대한국 관계에서 보호자의 입장을 선택하게끔 만들었다. 결과적으로 20세기 후반에 들어서서 미국은 한국, 특히 그 남반부에서 지배적인 영향력을 갖는 세력으로 군림하게 되었다.

한국전 이후 미국이 한국의 존속과 발전에 결정적인 역할을 한 것은 미국이 한국에 제공한 막대한 경제적, 군사적 원조 금액으로도 명확하게 알아볼 수 있다. 한미상호방위조약이 체결된 이후 20년 동안 미국은 전 세계에 제공한 경제, 군사원조의 8퍼센트를 한국에 제공하였다. 실제로 미국은 1973년까지 베트남을 제외한 세계 다른 어느 나라보다도 많은 금액의 원조(110억 달러)를 한국에 제공하였다.[2]

대한민국의 이승만 대통령은 한국전이 진행되고 그 이후 시기에 다음의 세 가지 영역에서 대외관계에 대한 우려를 갖게 되었다. 첫째, 미국과 그의 유럽 동맹국가들은 세계에서 공산주의 세력의 위협에 대하여 너무 온건한(soft) 대응을 한다는 점; 둘째, 미국은 일본이 다시 강

---

2   Agency for International Development

대국 지위를 추구하는 데 대한 위험을 충분히 인식하지 못한다는 점; 그리고 셋째, 한국에 대한 경제 원조가 충분하지 못하고 효과적으로 관리되지 못하고 있다는 점이었다. 이와 더불어 이승만 정부는 미국이 한국의 국내 정치에 간섭한다는 점을 불만스럽게 생각하였다.

이승만과 미국의 줄다리기

무엇보다도 이승만 대통령은 미국이 한국에서의 반공 투쟁에 피로 감을 느껴 한국을 포기함으로써 한국에서 또 한 번의 공산 침략이 초 래될 가능성을 우려하였다. 1953년, 한국에서 휴전이 불가피해 보이자 이승만 대통령은 정전을 수락하는 몇 가지 전제조건을 제시하였다. 첫 째, 미국은 한국과 방위 동맹조약을 체결할 것; 둘째, 북한을 지원하는 중공군이 한반도에서 철수할 것; 셋째, 미국은 한국에 대하여 필요한 경제적, 군사적 지원을 제공할 것 등이었다. 당시에 이 대통령은 만약 에 미국이 자신의 조건을 수락하지 않는 경우 한국은 단독으로라도 전 쟁을 계속할 것이라고 협박하였다.

결국 미국은 국무부 장관 덜레스(Foster Dulles), 국무차관보 로버트 슨(Walter Robertson) 등 고위 대표단을 한국에 파견하여 이 대통령에 게 정전협정을 방해하지 말고 수락하도록 종용하였다. 궁극적으로 이 승만 정부는 중공군이 북한에서 철수하고 한국이 즉시 통일되어야 한 다는 요구를 철회하는 대신 미국 정부로부터 한미상호방위조약을 체결 하고 대규모의 원조 프로그램을 제공하겠다는 약속을 얻어냈다.

이러한 표면적인 외교적 성과에도 불구하고 이승만 정부는 당시에

한미상호방위조약은 이승만의 업적?

　당시 한미상호방위조약은 이승만 대통령이 고집하여 얻어낸 약속이라고 일반적으로 알려졌으나, 사실은 당시 소련 봉쇄를 위한 나토, 미·일 동맹, ANZUS(호주, 뉴질랜드, 미국) 동맹 등으로 세계적인 동맹의 고리를 추구하던 미국이 내부적으로 한국과의 동맹을 이미 결정해 놓고, 대표단이 한국을 방문할 때 이승만 대통령의 반대를 희석시키기 위해 한미동맹 체결이 그에게 베푼 양보인 것처럼 보이게 한 것으로 추정된다.[3]

나토(NATO)의 경우처럼 방위조약 당사국이 외부의 침략을 받았을 때 동맹국이 '헌법적 절차의 조건 없이 자동으로 개입한다'는 먼로 독트린 방식(Monroe Doctrine Formula)을 채택하지 않은 것에 불만을 가졌다.[4] 한미방위조약이 체결, 비준되고 작동이 된 이후에도 한국 정부는 한국에서 공산군의 재침이 있을 때 미국의 '자동개입'을 확보하는 노력을 경주하였으나 그것을 문서화하는 데는 성공하지 못했다.[5]

3　Mark W. Clark, *From the Danube to the Yalu* (New York, Harper, 1954), pp. 287-288.

4　한미상호방위조약의 비준을 위한 미국 상원에서의 논의와 관련해서는 다음을 참조: U.S. Senate Foreign Relations Committee, 'Mutual Defense Treaty With Korea,' Executive Report A, 83rd Congress, 2nd Session (Washington, D.C., 1954), p. 28

5　'먼로 독트린 방식'이라는 용어는 미국의 상원에서 조약 인준 과정에서 덜레스 장관이 한미 방위조약은 나토와 달리 외부 침략이 있을 때 미국이 자동개입하는 것이 아니고 헌법적 절차를 밟아서 개입하는 것이라는 점을 강조하기 위해 내놓은 사항이다. (*Ibid.*, pp. 23-24 참조.)

이승만 대통령은 미국의 국내 정치 개입을 막는 데는 상당한 성공을 거두었다고 하겠다. 전쟁 중 이 대통령이 독재를 심화시켜 국민의 불만을 야기했을 때 미국은 전쟁에 몰두하느라고 민주 정치보다는 정치적 안정을 더 중요하게 생각한 것으로 보인다. 미국은 이승만 정부에 압력이 강화되면 이 대통령이 한국전을 빨리 끝내는 목표에 방해되는 행동을 취할 것을 우려하였다.

전반적으로 보아서, 이승만 대통령은 그의 미국 중심의 외교정책에도 불구하고, 또는 그것 때문에, 미국으로서는 다루기 어려운 외교적 상대였다. 그렇다고 미국과 협의나 거래를 하는 과정에서 이승만 대통령이 미국의 정책을 좌우할 수 있는 결정적인 카드를 가지고 있던 것은 아니었다. 다만, 이 대통령은 정전협정과 같이 불가피한 상황에서 진행을 어렵게 만듦으로써(예를 들어 1953년 6월 북한과의 협상 중 반공포로 석방[6]) 미국으로부터 다소의 양보를 얻어낼 수 있었다.

1953년에 체결되고 1954년 비준된(미국 기준) 한미상호방위조약은 미국으로 하여금 한국전 이후 한국의 국방력을 강화하고 북한의 재침을 방지한다는 책무의 명분과 필요성을 더욱 강화시켜 주었다. 한미동맹

---

6 유엔군 측과 공산군 측이 서로 타협할 수 없는 몇 가지 휴전 조건을 가지고 대립하고 있었을 때까지 한국 정부는 유엔군과 보조를 같이하였으나, 휴전 협상에 진전이 있을 때는 국민대회가 개최되고 군중들의 시위가 있었다. 휴전 협상에서 포로 송환이 합의에 이르고 1953년 6월 8일 포로송환협정이 조인되자 휴전 협상 자체를 반대하던 이승만 대통령은 공산군 측의 비난과 미국을 비롯한 유엔 참전국들과의 마찰에도 불구하고 석방을 결심하였고 6월 18일부터 이틀간 반공포로 석방을 단행하였다. 반공포로들은 한국군 경비병의 묵인과 협조하에 포로수용소에서 탈출하였다. 반공포로들은 거제리 수용소, 가야리 수용소, 광주 수용소 등 총 8개 수용소 총인원 35,698명 가운데 27,388명이 탈출하였다. 반면 56명의 포로들이 탈출 과정 중에 사망하기도 하였다. 그러나 반공포로의 일방적 석방은 기정사실화되었고 미군 당국의 재수용 노력은 실효를 거두지 못하였다.

의 일차적인 목표는 한국으로서는 북한의 재침을 방지한다는 것이었으나 미국으로서는 그 외에도 소련의 팽창을 막고, 일본의 방어에 기여하고 아시아 대륙에 전진기지를 확보한다는 복수의 전략적 목표가 있었다. 미국에서는 2차대전과 한국전쟁을 거친 다음 도널드 트럼프 이전의 대통령들이 최근까지 당파와 관계없이 미국이 세계의 안보에 기여해야 한다는 국제주의적인 견해를 가진 사람들이었으므로 한국에서 미군을 철수하겠다는 공약을 하고 당선된 카터 대통령도 그의 뜻을 이루지 못하였다.

미국의 한국 보호는 과연 일방적 시혜일까

21세기 초반에 트럼프 대통령 같은 국수주의자들은 미국이 한미동맹으로 남한의 안보를 담보해 주는 시혜국의 역할을 한다고 자처하지만, 미국도 한미동맹이 한국을 북한의 위협에서 보호하는 것 이외에도 미국 자체의 더 광범위한 전략적 이해관계가 달려 있는 것이라는 점을 간과해서는 안 될 것이다. 예컨대 1950년대 경계와 견제의 대상이던 소련이 반세기 후 중국에 의해 대체되었으며 범세계적 위협인 핵무기 확산 문제를 해소하는 데도 한국과의 동맹이 필수적인 역할을 할 수밖에 없기 때문이다.

1953년 7월 한국에서 정전협정이 발효된 이래, 한국 정부는 20세기가 끝나는 무렵 (김대중) 진보 정부가 집권할 때까지 줄곧 미국이 북한과 정치적인 협상을 하는 것에 대해 반대하여 왔다. 그러한 정치 협상의 첫 번째 시도는 1954년 제네바에서 열린 제네바 회담(4월 26일~7월 20일)이었다.[7] 그러나 한국의 운명을 소련도 참석하는 국제회의에서 결정하는 것은 받아들일 수 없다는 한국 정부의 입장에 미국이 동의하여 한반도 평화 문제는 논의되지 못하고 한국의 재통일에 관해서는 어떠한 선언이나 제안도 채택하지 않은 채 종결되었다.

정전협정이 체결되기 전후 시기와 제네바 회담이 열린 1954년 4월부터 7월 간의 몇 달은 이승만 대통령이 미국의 외교정책에 상당한 영향력을 발휘한 정점이었다고 말할 수 있다. 이 대통령의 영향력은 거부하는 데 있었다. 따라서 그것은 위기 시에 가장 효과적으로 발휘될 수 있었다. 그의 영향력은 세계가 한국의 문제들을 망각하거나 도외시하지 못하게 하는 데 가장 효과적으로 발휘될 수 있었다. 따라서 당면한 위기가 지나감에 따라 그의 '영향력(힘)'은 한국의 대미 관계에서 행사되기가 어려워졌다.

이승만 대통령은 또한 미국의 아이젠하워 행정부가 표방한 '긴장완화'를 강조하는 정책에 대해 불만을 갖고 있었다. 미국에서 행한 연설에서 그는 공산주의 세력의 위장 평화 전술을 경계해야 한다고 주장했

7 미국, 소련, 프랑스, 영국, 중화인민공화국이 참가한 국제 회담. 제네바 회담은 2가지 목적으로 이루어진 회담이었다. 첫째 주제는 한국전쟁을 공식 종료하는 한반도 평화협정의 체결이며, 둘째 주제는 베트남 분단 협약이었다.

다. "우리가 평화를 꿈꾸고, 희망하고, 계획하는 동안, 공산주의자들은 말로만 평화를 이야기하고 철의 장막 뒤에서 무슨 짓을 하고 있는지를 우리가 알지 못하게 하고 있습니다. 그들은 무슨 짓을 하고 있습니까? 그들은 세계에서 가장 큰 군대를 키우고, 가장 큰 공군, 잠수함 부대를 만들고, 원자탄과 수소탄을 개발하고 있습니다. 우리가 그들을 믿고 계속 아무것도 안 하고 적의 행태를 무시하고 있으면 아마도 전쟁이 안 일어날지 모르지요. 그러나 만약 전쟁이 일어나면 그것은 짧은 것이 될 것입니다. 그리고 그 결과는 우리에게 좋은 것이 되지 않을 것입니다. 세계의 진정한 평화를 쟁취하기 위해서는 우리는 그것을 위하여 싸워야 합니다."[8]

그러나 1950년대에도 이승만 대통령의 냉전적 강경 발언은 미국에서 환영받지 못했다. 미국 여론은 그의 견해가 도발적이며 한국 자신의 이익을 위해서 미국을 소련과 위험한 대결로 밀어 넣는 것이라고 비판하였다.[9]

미국의 경제 원조와 관련해서는, 이 대통령은 우선 전후의 한국이 필요한 만큼의 액수를 제공하지 않는다고 불평하였다. 그는 또한 미국의 원조 관리(管理)가 한국 정부에 넘겨지지 않고 미국 관리들이 직접 담당하고 있는 것도 불만이었다. 1954년부터 1960년에 이르는 기간 동안 한국이 미국으로부터 받은 경제 원조가 20억 달러에 달하였다. 이

8   이승만 대통령의 CBS 인터뷰에서 (Robert T. Oliver, *Syngman Rhee and Amercan Involvement in Korea*, 1942-1960 (Seoul, 1978), pp. 470-71.

9   *Ibid.*

것은 전쟁으로 파괴된 한국을 재건하기에는 불충분한 금액이었으나 미국의 입장에서는 전체 대외 원조 가운데 상당 부분을 차지하는 많은 금액이었다. 대한(對韓) 원조가 그러한 큰 금액이었음에도 이승만 대통령이 한국 국내 정치에 대한 미국의 간섭을 막는 데는 대체로 성공한 것으로 보아야 한다. 이 대통령은 이승만 정부가 비민주적인 행태로 한국 국민들로부터 이반되어 가는 데 대하여 미국의 우려가 커지는 것을 의식하고 이에 대하여도 반발하였다.

이승만 대통령이 독재정치를 강화하기 시작한 것은 한국전이 진행되고 있는 시기 동안이었다. 미국은 한국의 민주 정치가 후퇴하는 것에 대해 우려하고 있었으나 이 문제에 있어서 이승만 정부를 조심성 있게 대했다. 미국 정부는 비공개적으로 우려를 표명하는 정도에 그쳤다. 전쟁 중에는 빠른 기간에 정치적 안정을 회복하는 것을 우선적인 과제로 판단하였다. 미국은 한국 정부에 너무 성급하게 압력을 가할 때 이승만 대통령이 전쟁의 조기 종식이라는 목표 수행을 방해할 사태를 야기할 가능성을 경계하였다.

전쟁이 끝난 후에도 이승만 대통령이 한국의 안정과 질서를 가져올 수 있는 유일한 희망이라고 미국은 판단하고 있었다. 미국 정부가 한국 정부에 작전통제권을 조기 이양하는 것을 희망했더라도 미국의 시기상조적인 정치적 관여는 이 대통령이 미국에 저항하는 역효과를 가져올 가능성이 있었다. 윌리엄 레이시(William Lacy) 주한 대사와 관련된 사건이 그것을 입증해 주었다.

레이시 대사는 1955년 주필리핀 대사를 역임한 후 한국에 부임하였다. 이승만 대통령은 그가 필리핀에서 퀴리노(Elpidio Quirino) 대통령을 하야시키고 막사이사이(Ramon Magsaysay) 대통령의 집권을 도와주었던 것으로 이해하고 있었다. 이승만 대통령은 미국 국무부를 설득하여 레이시 대사를 워싱턴으로 귀환시키는 데 성공하였다.[10]

결국은 1960년이 되어서야 한국의 학생들이 선거 부정에 항거하여 궐기하고 이승만 대통령이 축출된 후 미국은 뉴욕타임스가 표현한 '장기간의 고통스러운 불간섭 정책'을 포기할 수 있었다.[11] 1960년과 그 27년 후 1987년 전두환 정권의 마지막 단계에서 미국은 한국의 민주화에 긴요한 역할을 할 수 있었다.

전반적으로 보아, 이승만 대통령은 그의 미국 중심의 외교 행태 때문에 또는 그럼에도 불구하고 미국에게는 다루기 어려운 외교 상대였었다. 그는 계속하여 목소리를 높여 미국이 공산 세력에 강력하게 대응하고 한국에 대해 더 강력한 안보 공약과 경제 원조를 제공해야 함을 역설하였으며 미국과 일본의 너무 밀접한 관계를 경계하는 입장을 취하였다. 그가 과도하게 강경한 입장을 취한 것은 역설적으로 그의 외교적 영향력을 약화시키는 결과를 가져왔다. 이러한 상황은 1960년 4월 그가 낙마하고 그의 정권이 붕괴하고서야 바뀌게 되었다.

미국이 한국에 국방과 금융 면에서 적극적으로 지원을 한 것에 대하여, 한국은 그에 못지않은 적극성을 가지고 미국의 지원을 받아들였다. 한국은 국방에서 경제 발전에 이르는 광범위한 분야에서 미국

---

10   레이시 대사와 필자 인터뷰, 1963년 10월 25일.
11   *New York Times*, 1960년 4월 28일, p. 1

의 도움을 받아들이고 미국의 지원에 의존하는 모습을 보였다. 한국이 1954년부터 피원조국의 지위를 벗어난 1970년까지 미국으로부터 받은 경제 원조 35억 달러는 같은 기간 동안 한국의 국민총생산(GNP)의 5퍼센트에 해당하는 금액이었다. 그 기간 중 경제와 국방 원조액을 합했을 때는 거의 GNP의 10퍼센트에 해당하는 원조를 미국으로부터 받았다.

이러한 원조 금액의 규모가 보여주듯 미국이 한국의 모든 영역에서 큰 역할을 했을 뿐만 아니라 한국 군대의 생성과 성장 자체도 미국의 지원 덕분이었다고 해도 과언이 아닐 정도였다.

미국은 한국전쟁 기간 중에는 물론 그 이후에도 한국에 장비, 훈련, 조직, 작전 및 전술 면에서 군사 지원을 제공하였다.[12] 그뿐만 아니라 한국전쟁이 일어난 1950년 이래 한국 군대는 전쟁 초기인 1950년 7월 14일 자로 이승만 대통령이 유엔군 사령관에게 보낸 서한에 따라 미국 장성인 한국전 유엔군 사령관의 전시 작전통제권의 휘하에 소속되어 있었다.[13] 미국은 또한 유엔 등의 국제기구와 기타 외교 무대에서 한국의 이익을 보호하고 유엔 회원국 가입 신청 등 외교적 후원자(sponsor)의 역할을 하였다.[14] 미국은 또한 한국이 참관국(observer)으로 참여

---

12 Sungjoo Han, *The Failure of Democracy in South Korea* (Berkeley, 1974), pp. 46-54. 참조.

13 6·25전쟁 초기 1950년 7월 14일 자로 이승만 대통령은 작전지휘의 일원화와 효율적인 전쟁 지도를 위해 유엔군 사령관에게 보낸 서한을 통하여 국군의 작전지휘권(작전통제권)을 이양했다. 이승만 대통령과 당시 유엔군 사령관인 더글라스 맥아더 장군과 교환된 서한의 내용에 관해서는 Se-jin Kim, ed., *Documents on Korean-American Relations, 1943-1976* (Seoul, 1976), pp. 119-20 참조.

14 *New York Times*, April 20, 1960.

하는 한국정전위원회에서 한국을 대변하는 역할을 담당해 왔다.[15]

한국전 후 한국과 미국의 관계는 전반적으로 극도로 긴밀하고 예의 바르게 진행되었으나, 내면적으로는 두 동맹국 상호간 인식과 목표, 능력과 영향력의 불일치로 인해 문제가 없었던 것은 아니었다. 미국이 한국과 동맹을 맺은 일차적인 목적은 동아시아에서 소련(후에 러시아)과 이차적으로 중국의 세력 팽창을 견제하는 것이었으나 한국의 유일한 목적은 북한의 재침을 방지하고 가능하면 한국 북반부의 지배(즉, 남한에 의한 통일)를 장악하기 위한 것이었다. 미국에게는 한반도는 물론 동아시아 지역 자체도 미국의 세계 전략의 일부에 불과하였으나 한국에게 세계 상황이란 한국 자신의 안보에 어떠한 영향을 주느냐의 문제로 귀착되는 것이었다.

---

15 유엔사는 노태우 정부 시절인 1991년 북한의 반발에도 불구하고 그간 외국군 장성이 맡아 온 군사정전위 수석대표 자리를 한국군 장성에게 넘겼다. 남북 간 접촉 활성화를 이유로 들었다. 다만 북한은 한국이 정전협정 당사자가 아니란 점을 들어 그때부터 군사정전위 참석을 거부해 왔다.

베트남 전쟁과 한미 관계

1960년대의 한미 관계

휴전 후 상당 기간 미국은 한국에 대하여 일방통행적인 지원과 영향력을 행사하고 한국은 이를 감수하였다. 미국은 이미 설명한 것같이 한국에 대하여 혜택을 주는 나라의 역할을 했고 한국은 수혜국(受惠國)의 입장을 감수하였다. 이러한 일방적인 성격의 관계는 동맹국 간의 불균형한 영향력 행사로 반영되었다. 미국은 곧잘 한국에 큰 영향을 미치는 주요 정책 결정을 일방적으로 기정사실로 할 때가 있었다. 즉, 1960년 이승만 대통령의 하야를 종용하고, 1963년 군사정권의 민간화를 유도하고, 1965년 한일 외교 관계의 정상화를 받아들이도록 설득하고, 1965년 한국 전투 병력을 베트남에 파견하고, 1976년 한국이 프랑스로부터 핵연료 재처리 공장 시설의 구매 계획을 포기하도록 한 것 등이다.

대부분의 다른 나라들과 마찬가지로 한국은 외교를 통하여 나라의 안보, 자치, 국가의 위신 그리고 경제 번영을 추구하는 것을 목적으로 한다. 그러나 이러한 외교 목표는 상호 일치하는 대신 이율배반적이 되는 경우도 간간 있다.[1] 한국이 미국을 상대함에 있어서 안보와 경제 발전을 성취하는 데 미국의 협조를 확보하는 것을 지상 목표로 삼고 있으나 그 과정에서 앞에서 본 것같이 한미 간의 비대칭적 관계의 부작용을 최소화하느라고 분투해야 하는 경우가 종종 있었다.

이러한 한미 관계는 1970년대에 들어서서 조금씩 변화의 과정을 거쳐가는 모습을 관찰할 수 있다. 한국이 경제적으로 성장함에 따라 경제와 정치 분야뿐만 아니라 국방 분야에서도 조금씩 자립(self-reliance)의 모습을 찾으려고 노력하는 징후가 보였다. 동시에 미국은 종종 한국의 온전한 보호자의 역할을 하기에는 국내외 문제에 몰두해야 하는 경우도 있었다. 이러한 변화된 한미 관계는 부분적으로는 양국의 의식적인 정책 선택에 의한 것일 수도 있고 다른 부분에서는 세계정치적 영향에 의한 것일 수도 있었다. 실제로 한미 관계는 1970년대에 긴장 국면에 들어간 적이 있는데 이는 양국이 동맹을 버텨주는 근저의 구조적 변화를 충분히 이해하지 못했기 때문이라고 할 수 있다. 한국은 닉슨 대통령의 사퇴를 가져온 미국의 워터게이트 사건과 미국의 아시아 정책에 변화를 준 베트남 전쟁의 결과를 충분히 참작하지 못했던 것으로 보인다. 미국은 한국이 사실상 피보호국가(client state)로부터 점차 '자기주장을 할 수 있는(self-assertive)' 국가로 전환하는 사실을 충분히 인식하지 못했던 것으로 보인다.

1 K. J. Holsti, *International Politics: A Framework for Analysis* (Englewood Cliffs, 1972), pp. 130-53.

그러나 한미동맹은 1976~1978년간 몇 개의 난제들을 성공적으로 극복했다. 그 하나는 1976년 당선된 카터(Jimmy Carter) 대통령의 주한 미군 철수 계획이었고, 둘째는 이른바 한국의 로비 사건인 코리아게이트(Koreagate) 스캔들이었으며, 셋째는 박정희 대통령의 유신정치에 따른 인권과 민주화 문제 등이었다. 이러한 문제들을 극복할 수 있었다는 것은 양국이 동맹의 가치를 충분히 인식하고 있으며 동맹이 두 나라의 국익에 부합하고 중요하다는 사실을 받아들이고 있다는 점을 반영한 것이라고 할 수 있다.

이승만 대통령이 미국(하와이)으로 망명하고 한국 정치에서 모습을 감춘 후에도 미국과의 관계는 그 후속 정부들인 장면 정부(1960-1961)와 쿠데타로 집권한 박정희 군사정부(1961-1978)의 중심적인 관심사인 동시에 우려 사항이었다. 이승만 대통령 이후에 들어선 정부들도 민주적, 비민주적 정부를 막론하고 국가의 안보와 경제 발전을 도모하고 국내외적 정통성을 확보하는 데 있어서 미국의 지원과 승인을 받는 것이 불가피한 요구 사항이었다. 한미 양국 정부는 두 가지의 외교적 선결 사항이 있었는데 그 하나는 한일 간의 국교 정상화를 성취하는 것이었고, 두 번째가 60년대 후반 미국이 몰두하고 있는 베트남 전쟁에 한국의 전투부대를 파견하는 일이었다.

일본과의 국교 정상화는 장면 정부와 박정희 정부가 다 같이 추구했던 외교 목표였는데 이는 미국에만 매달려 있는 한국의 외교에 실용성과 현실성을 부어 넣는 데 필수적인 것으로 판단했기 때문이다. 이러한 외교 노력에 미국의 중개가 결정적인 역할을 하게 되었다. 미국은 한국과 일본의 우호와 협조 관계가 동아시아에서의 방위 부담을 덜어준다는 판단 아래 양국의 대화를 격려하는 동시에 양국 정부가 서로 이견을 해소하고 유대관계를 구축할 것을 권고하였다. 한일 간의 외교 관계 정상화가 미국에 대한 경제 의존도를 축소시켜 준 것은 사실이지만 안보 영역에 있어서는 한국은 지속적으로 미국에 의존하지 않을 수 없었다. 한국이 베트남에 전투부대를 파견한 것은 이러한 한국의 안보 실태를 역력히 보여주는 명백한 사례였다. 그것은 또한 한미 관계에 성격적 변화를 초래한 계기가 되는 사건이었다.

한국은 왜
베트남에 군대를 보냈는가

한국의 비교적 대규모의 그리고 장기간의 베트남 참전은 미국과의 관계의 맥락에서 설명되고 그 결과로 이해되지 않을 수 없었다. 한국은 베트남의 우방으로서가 아니라 미국의 동맹국으로서 베트남에 군대를 파견하였다. 한국이 극도로 우려했던 것은 미국의 신뢰성 약화와 아시아로부터의 철수였으며 남베트남의 존속이 위험에 처했기 때문은 아니었다.

한국이 베트남에 전투 부대를 파견한 것은 미국의 한국 안보 공약이 약화되는 것을 방지하고 가능하면 그것을 강화하기 위해서였다. 인도차이나에서 미국의 안보 개입이 깊어지면서 아시아에서의 미국의 안보 공약과 전쟁 억지 역할이 약화될지도 모른다는 우려가 깊어지고 있었기 때문이다.

사실, 미국이 베트남에 깊이 연루되면서 한국에 대한 군사원조가 점차 축소되고 있었다. 1964년 예산에는 1956년 이래로 가장 적은 금액인 1억 2400만 달러로 감소되었다. 미국의 연평균 대한 군사원조는 1956~1961년 2억 3200만 달러에서 1962~1965년에는 1억 5400만 달러로 축소되었다.[1] 베트남 전쟁 중 한국에 약속된 첨단 무기 공급이 예정대로 보급되지 못하였다.[2]

가장 심각했던 것은 만약 미국의 동맹국들이 추가적인 전투부대를 조달하지 못하는 경우 한국에 주둔하고 있는 미군의 1사단, 또는 더 많은 병력을 베트남으로 이전할지도 모른다는 보도가 있었다.[3]

이러한 이유로 해서 한국은 미국과 베트남 파병을 협상하는 과정에서 미국이 기존 수준의 주한 미군의 규모를 축소하지 않는다는 약속을 받아내려고 노력하였다. 결과적으로 당시 주한 미군 사령관인 비치(Dwight E. Beach) 장군과 브라운(Winthrop G. Brown) 주한 미국대사는 공동으로 '주한 미군은 한국과의 사전 협의 없이는 감축하지 않는다는 기존의 결정은 변함이 없다'라고 약속했다.[4]

한국 정부의 입장은 어렵고 불가피한 상황에서 최선의 결과를 도출

---

1 베트남 참전 이후 미국의 연평균 대한(對韓) 군사원조는 3억 6700만 달러로 증가하였다 (U.S. AID, *Overseas Loans and Grants*, 1974 참조).

2 예컨대, 이동형 지대공 유도미사일 시스템인 Hawk I과 지대공 및 핵무기 탄두 탑재 가능한 지대지 유도미사일 시스템인 Nike-Hercules는 1963년 배치 예정이었으나 1966년까지 실행되지 못하였다. (U.S. Senate, 'United States Security Agreements and Commitments Abroad,' Hearings Before the Committee on Foreign Relations, 91st Congress (Washington, 1971), p. 1651 참조. 뉴욕타임스는 1966년 1월 '한국의 베트남 군대 파견으로 미국의 군비 조달이 신속해지다'라는 제목의 기사를 게재하였다(*New York Times*, 'The speeding of U.S. arms to South Korea in return for the dispatch of a South Korean division to South Vietnam', January 27, 1966).

3 Princeton N. Lyman, 'Korea's Involvement in Vietnam,' ORBIS (Summer 1968, p. 564

4 Stanley Robert Larsen and James Lawton Collins, Jr., *Allied Participation in Vietnam* (Washington, Department of the Army, 1975), pp. 125-27.

하겠다는 것이었다. 한국은 이 상황에서 최대의 금전적 혜택을 얻어내려고 노력하였다. 이 과정에서 한국 정부는 오랫동안 추구하던 한미 주둔군 지위협정(SOFA)의 체결을 얻어내는 데 성공하였다.[5] 이 과정에서 가장 중요한 것은 미국의 대한 안보 공약을 확약받고 공고히 했다는 점이다.

미국의 대한 안보 공약은 1966년과 1967년 기간 중 상당히 격상되었다. 험프리(Hubert Humphrey) 미국 부통령은 후일 미국 관리들이 최상의 강력한 미국의 안보 공약을 강조할 때 흔히 인용하는 다음과 같은 표현을 사용했다. "미국 정부와 국민은 한국의 방어에 굳건한 약속을 드린다. 한국 전선인 휴전선에 한 명의 미군이 있는 한 미국의 모든 그리고 전체의 힘이 한국의 안보와 방위를 위하여 헌정되어 있다."[6]

1966년 11월 미국의 존슨(Lyndon Johnson) 대통령은 한국을 방문하면서 미국은 한국에 대한 무력 공격을 격퇴시키기 위해 즉각적이고 효과적인 지원을 제공할 준비와 결의가 있음을 재확인하였다.[7] 미국 지도자들의 언급에서 '즉각적이고 효과적인 지원'이라는 표현은 그 이후에도 험프리 부통령의 언급과 함께 많은 미국 고위 인사들이 사용한 언어로서 한국은 미국이 안보 공약을 보강하고 사실상의 방위조약을

---

5 한미 SOFA는 대한민국 영역과 그 부근에 배치되어 있는 미군 주둔에 필요한 세부 절차를 내용으로 하는 협정으로 1966년 7월 9일 대한민국 행정부 대표 외무부 장관과 미국 행정부 대표 국무부 장관 간에 조인되어 1967년 2월 9일 발효되었다.

6 'The United States government and the people of the United States have a firm commitment to the defense of Korea. As long as there is one American soldier on the line of the border, the demarcation line, the whole and the entire power of the United States of America is committed to the security and defense of Korea.'(*Ibid.*, p.125 참조.)

7 *Department of State Bulletin*, November 21, 1966, p. 778.

개정하는 주요한 조치로 간주하게 되었다.[8] 이로써 한국이 전투 병력을 베트남에 파견하는 데 대한 대가로 미국이 주한 미군의 규모를 유지하겠다고 결정한 것은 의심의 여지가 없게 되었다.[9]

더욱이, 미국은 주한 미군의 규모를, 3분의 1인 20,000명을 1971년에 철수할 때까지 축소하지 않았다. 주한 미군의 규모를 60년대 중반 상태로 유지하겠다는 것은 이미 지적한 대로 주한 미군 사령관과 주한 미국대사뿐만 아니라 존슨 대통령 자신이 박정희 대통령에게 주한 미군의 현재 수준을 축소하지 않겠다고 확약함으로써 다시 한번 확인되었다.[10]

한국의 베트남 군대 파견의 장기적 효과로는 미국에 대한 한국의 발언권 상향 조정과 아시아 국제정치에서의 한국의 역할 향상을 들 수 있다. 1965년까지 한국은 국제정치에서 미국에 의존하는, 기본적으로 고립되고 수동적인 존재에 불과했었다. 이러한 상황은 한국의 첫 번째 부대가 베트남에 도착하면서 바뀌기 시작했다.

한국은 베트남전에 활발히 참여하면서부터 미국에 베트남 전쟁이 어떤 결과를 낳으면서 끝나야 하는가에 대하여 자국의 견해를 제시하기 시작했다. 한국은 베트남에서 미국이 양보(appeasement)할 가능성을 우려하여 '미국은 군사적 승리를 위하여 분투해야 하며 양보를 의미하

---

8   *Ibid.*, May 6, 1968, p. 576. 한국측의 반응에 대해서는 신동아, '존슨 대통령의 방한 선물,' 1966년 12월, pp. 185-87 참조.

9   '이러한 분석에는 반대 견해도 있었다. (Astri Suhrke, 'Gratuity or Tyranny: The Korean Alliances,' *World Politics*, July 1973, p. 520 참조)

10 *Department of State Bulletin*, June 4, 1973, p. 778.

는 화해를 배격해야 한다'라고 역설하였다. 한국은 또한 참전국 사이에서 더 강한 목소리를 냈으며 그 요구에 대하여 미국의 상급자들이 공개적으로 승인하는 발언을 했다.[11]

11 *New York Times*, 'Secretary of State Rusk's and UN Ambassador Arthur Goldberg's Visit to Korea,' July 9, 1966 and March 1, 1967).

No라고 이야기하기 시작한 한국

이제는 한국이 자기주장을 고집하고 미국을 무조건 추종하지만은 않는다는 사실은 미국이 베트남에 대한 추가 파병을 연거푸 긴급 사항으로 요청한 것을 거절한 데에서도 잘 나타났다. 추가 파병은 처음에는 존슨 대통령이 1966년 11월 한국을 방문했을 때 요청했으며 그것은 베트남의 누엔 카오 키 총리의 1967년 1월 방한 시에도 되풀이되었다. 잇따라 테일러(Maxwell D. Taylor) 장군과 클리포드(Clark Clifford) 국방장관이 존슨 대통령 특사로 한국을 방문했을 때도 같은 요청이 거절당했다.[1] 같은 요청과 거절은 1968년에도 반복되었다. 한 시사지(U.S. News and World Report)는 이제 한국이 미국에 동의하지 않을 때는 '말대답'을 하기 시작했다고 논평했다.[2]

베트남 파병 이후 한국이 미국과의 관계에서 더 큰 협상력을 갖게

---

1 *U.S. News and World Report*, January 12, 1970, p. 24; *New York Times*, August 4, 1967.

2 Bernard Krisher, 'South Korea: The Courage to Talk Back,' *Newsweek*, April 29, 1968, pp. 46-52

되었다는 것은 미국으로부터 더 많은 군사원조를 획득할 수 있었다는 점에서도 잘 나타나고 있다. 1961년부터 1965년까지 미국의 군사원조는 8억 1,500만 달러로 연평균 1억 6,300만 달러에 달하였다. 1971년 한국은 미국이 주한 미군을 63,000명에서 43,000명으로 감축하는 것을 마음에 내키지 않으면서도 받아들였으나 그 대신 미국으로부터 5년 계획으로 15억 달러의 비용을 들여 한국군의 근대화 프로그램을 지원하겠다는 약속을 받아내었다.[3]

베트남 참전의 경험을 통하여 한국은 미국의 약점과 힘의 한계를 이해하게 되었다. 한국의 기여는 미국의 베트남 전쟁 노력에 불가결한 요인이 되었다. 한국 정부는 이러한 미국의 어려운 사정을 인지하였을 뿐만 아니라 그로부터 최대한의 이득을 얻어내려고 하였다. 실제로 한국 정부는 베트남으로부터 철수하겠다는 위협을 미국과의 협상에서 흥정의 무기로 사용하였다. 미국 군사력의 신뢰성에 대한 의심은 1968년 1월 북한이 미국의 정보함정 푸에블로를 나포한 후 미국이 이에 한국이 만족할 만큼의 강력한 대응을 하지 못함으로써 더 커지게 되었다. 미국이 푸에블로 사태에 강력하게 대응하지 못한 것과 더불어 북한이 같은 달(1968년 1월) 박정희 대통령을 암살하기 위한 특공대를 서울에 파견했을 때 한국군이 군사적으로 반격하는 것을 말림으로써 필요할 때 미국이 북한의 공세에 강력하게 대응할 것인가에 대한 의구심이 일어나기 시작했다. 한국 정부는 미국의 가공할 군사력에 대한 신뢰를

---

3   *Department of State Bulletin*, March 1, 1971, p. 263.

잃고 미국을 상대하는 데 이전에 갖고 있던 두려움을 상당히 잃기 시작했다.[4]

한국은 베트남 참전을 통하여 더 큰 자신감을 갖게 되었다. 이러한 자신감의 배경에는 한국 경제의 급성장이 있었다. 한국 경제는 1965년에서 1970년까지 5년간 70퍼센트의 성장을 이루었고 성장의 많은 부분은 베트남과 관련된 경제적 수익에 기인한 것이었다. 한국은 베트남전 참전 경험으로 커다란 심리적인 고양도 맛보았다. 한국군은 초기에 군사적 작전에 성공과 성과를 거두었으며 미군 지도자들로부터 칭찬도 많이 받았다.[5]

그뿐만 아니라 한국군은 베트남에서 전술적으로는 독자적인 작전을, 행정적으로는 자주적인 운영을 할 수 있었다. 다만 전반적인 군 운영에 있어서 미군 사령관의 지휘하에 있었을 뿐이다. 이러한 사실 역시 한국군으로 하여금 독자성과 중요성을 느끼게 하는 요인이 되었다. 법적인 미군의 통제에서 사실상 벗어난 한국군은 이제야 미국군의 감독을 받아가며 군사 행동을 한다는 심리적 제약에서 벗어날 수 있었다.[6]

한국은 처음에는 미국이 한국에서 미국의 안보 공약을 철회하거나 약화시키는 것을 방지하는 것을 최우선적인 목표로 베트남 전쟁에 개입하였다. 그러나 일단 발을 들여놓은 이후 한국 정부는 더 확대된 목

---

4 'Soothing Seoul,' *Time*, February 23, 1968; Townsend Hoopes, *The Limits of Intervention* (New York, 1969), p. 137.

5 'Teaching Teacher,' *Newsweek*, April 10, 1967; 'Why Korean Troops Are So Effective in Vietnam,' *U.S. News and World Report*, May 15, 1967; Larsen and Collins, Jr., *Allied Participation in Vietnam*, op. cit., pp. 142-43.

6 *Ibid.*, pp. 135, 146.

표를 갖게 되었다. 그것은 베트남 협상에 발언권을 갖는 것이며, 국제적으로 접촉과 역할을 확대하고, 미국과의 관계에 있어서 협상력을 강화하고, 경제적 이득을 최대화하는 것이었다.

한국은 이러한 여러 가지 목표 중 뒤의 두 가지 목표(미국과의 협상력 증대, 경제적 이득 최대화)에서 처음 두 가지 목표(베트남 협상에 발언권 증대, 국제적 역할 확대)보다 더 큰 성공을 거두었다. 한국은 미국의 주요 정책 결정에는 커다란 영향력을 행사할 수 없었다. 1969년의 '닉슨 독트린(미국은 아시아의 동맹국들이 위협을 당할 때 핵무기에 의한 위협에는 미국의 핵 자산을 사용하겠지만 그 외의 경우 지상군보다는 경제적, 군사적 원조로 대응한다는 원칙)'의 선포와 1973년의 베트남 종전 관련 합의에 한국의 관여가 최소한이었다는 것이 한국의 한정된 영향력을 반영한다. 결국 한국의 역할은 미국의 기본 정책이 수립되는 과정에서보다는 그것이 집행되는 과정에서 어느 정도 작용할 수 있었을 뿐이었다.

그러나 그 정도라도 이것은 미국과 한국의 역학 관계가 1965년 이전에 비해 상당히 진전되었다는 점을 보여주고 있다. 그러한 변화가 일어나고, 한국 정부가 미국의 내정 간섭을 어느 정도 제한할 수 있었던 것은 다음의 몇 가지 요인에 기인했던 것이라고 말할 수 있다. 첫째, 베트남 전쟁은 미국의 인적, 물적 자원을 한계에 이르도록 만들었고, 이것이 한국의 참여와 기여의 가치를 상당히 높여준 점; 둘째, 한국이 국내 정치적 권력 장악과 경제 발전에 상당한 진전을 이뤘다는 점; 그리고 셋째, 국제정치적 구조가 양극화의 극단을 완화해 주고 국제정치에서

비 강대국(약소국, 중진국)들의 비중을 높여주었다는 점 등이다.

한국의 유신정치와 코리아게이트

1970년대 한국의 가장 큰 우려 사항은 미국이 베트남전에서 고전한 끝에 아시아에 주둔하는 미군을 상당 부분 철수할 가능성이 있다는 것이었다. 한국은 미국이 주한 미군 병력의 3분의 1에 해당하는 20,000명을 철수한 것이 한국으로부터의 완전한 미군 철수의 시작일지도 모른다고 생각하였기 때문이다. 한국은 이 문제를 세 가지 각도에서 해결하려고 노력하였다. 첫째, 간청과 홍보활동 그리고 합리적 논리로 주한 미군의 규모 유지가 필요하다는 것을 미국 정책전문가들에게 설득시키는 것이었다. 둘째, 자체 능력과 미국을 포함한 우방국들의 지원을 받아 한국 자체의 방위 능력을 고양시키는 것이었다. 셋째, 외교적인 이니셔티브를 통해 북한, 소련 및 중국과의 대화를 시작하여 한반도 상황의 안정화를 꾀하는 것이었다.

미군을 한국으로부터 철수하자고 미국에서 주장하는 사람들은 다음과 같은 논리를 내놓았다. 첫째, 미국은 아시아에서 자동으로 개입하게 될 상황을 유지해서는 안 된다는 것이었다. 둘째, 한국은 미군이 전쟁에 개입할 '연계 철선(tripwire)'이 될 만한 가치를 갖지 못했다는 것이었다. 셋째, 소련이나 중국 모두가 한국에서 전쟁이 재발하는 것을 원치 않기 때문에 그들은 북한이 다시 남침을 감행하는 것을 저지할 것이라는 점이었다. 넷째, 한국 경제가 자체의 방위를 감당할 만큼 성장했다는 것이었다. 다섯째, 한국이 이제는 자체 방위를 위해 다른 나라에 의존하는 버릇에서 벗어나 자립정신과 자신감을 조성해야 한다는 것이었다. 끝으로, 미국은 한국에 지상군을 주둔시키지 않고도 전쟁에 필요하면 공군력과 해상 군사력만으로도 효과적으로 한국군을 지원할 수 있으리라는 것이었다.

한국 정부는 다음의 논리로 미군의 철수 계획을 반대하였다. 첫째, 남북한 간에는 아직도 상당한 군사력의 불균형이 있으므로, 시기상조의 주한 미군 철수는 북한이 남한에 대하여 군사적 모험을 감행하게 할 염려가 있다. 둘째, 남북한은 값비싸고 위험한 군비 경쟁에 들어갈 가능성이 크고 그 위험 중에는 핵무기 개발도 포함된다. 셋째, 일본이 미국의 아시아에 대한 군사 보장의 신빙성을 의심하게 될 것이며, 이는 일본이 조기 재무장을 추구하거나 소련과의 화해를 선택하게 할 수 있다. 넷째, 소련은 이미 활발한 군비 증강을 추진하고 있고, 이로 인해 미국에게 일본뿐 아니라 미국 자체의 안보에도 한국이 갖는 결정적인 전략적 가치가 증대할 것이다. 다섯째, 미국이 일방적으로 군사력을 축소한다면 이는 미국과 한국으로 하여금 공산 세력과 한국 상황에 있어서 거래할 때 쓸 수 있는 지렛대를 상실하게 할 것이다. 여섯째, 중국과 기타 동아시아와 동남아시아 국가들은 주한 미군의 조기 철수를 선호하지 않을 것이다. 그리고 일곱째, 미국의 군사력 축소는 한국의 지속적 경제 성장에 장애를 줄 것이며, 이는 한국으로 하여금 자체적인 군사력 증강의 기회를 박탈할 것이다.

혹 떼려다 혹 붙인 희대의 로비 스캔들

한국 정부는 미국의 아시아에서의 안보 책임에 관한 이러한 견해를 미국 조야에 강력하고 효과적으로 전달하기 위하여 의회와 국민을 직접 접촉할 필요가 있음을 절감하였다. 결과적으로 한국 정부는 자신들과 한국에 유리한 여론을 조성하기 위해 배가의 노력을 기울였다. 한국 정부의 일차적 목적은 주한 미군의 추가 철수를 방지하는 것이었고, 이것이 불가능한 경우 미국 의회가 한국의 군사력 강화 프로그램을 위한 충분한 지원을 승인하게 하는 것이었다. 동시에 한국 정부는 한국 내부의 정치·사회 상황에 대한 미국 내 불리한 여론을 잠재울 필요를 느꼈다. 결과적으로 한국 정부의 미국 내 여론 조성 노력은 소위 '코리아게이트'[1]라고 불리는 로비 스캔들을 낳게 하는 등, 문제를 해결하기보다는 더 악화시키는 결과를 초래하였다.

---

[1] 코리아게이트(Koreagate)는 1976년에 일어난 정치 스캔들로, 대한민국 중앙정보부가 박동선을 통해 미국 정치인들에게 뇌물을 주어 미국 정부에 영향을 끼친 사건이었다
1975년 미국 의회에서는 미 의회에 영향을 미치기 위한 대한민국 정부의 활동들이 폭로되기 시작하였다. 1975년 6월 도널드 M. 프레이저 의원에 의한 하원의 한국에 대한 인권 청문회에서 전 중앙정보부 요원이었던 이재현이 "한국의 중앙정보부가 단지 미국 내에서 반한파(反韓派)에 대한 인권탄압만 하는 것이 아니라 미국 내에서 반 박정희 여론과 활동을 무마하기 위해 대규모 회유, 매수, 협박, 공작을 벌이고 있다"는 사실을 털어놓았다.
미국 의회 국제관계위원회는 한국 중앙정보부가 미국 내에서 활동하는 것을 조사하기 시작하였고 1976년 미국 언론에 의해서 공개되었다. 1976년 10월 24일 자 워싱턴 포스트는 박정희 대통령의 지시로 박동선과 한국의 중앙정보부 등이 의회 내에 친한(親韓) 분위기를

1975년의 로비 스캔들은 1977년에서 1979년까지 거의 2년간 미국과 한국의 언론 보도를 휩쓸면서 한국이 효과적인 대미 외교를 수행하기 어렵게 만들었다. 이 시기에는 두 가지 조사가 병행되었는데 그 하나는 미국 법무부가 수행한 것이었고 또 다른 하나는 하원의 공적 활동의 기준과 행동(윤리위원회)에 관한 것으로, 1970년대 전반에 한국 요원들이 미국 의회와 기타 정부 관리들로 하여금 한국에 유리하게 정책 방향을 움직이게 하려고 수백만 달러의 자금을 사용했다는 혐의에 관한 것이었다.

　한국 로비 사건 조사가 로비의 중심적 인물로 지칭된 박동선의 로비 활동과 한국 정부와의 공식적인 연계 혐의를 결정적으로 확인하지는 못했다. 그러나 한국 정부가 초기에 미국 조사 당국의 박동선 소환 요청에 순응하지 않음으로써 양국 사이에 상당한 긴장 관계를 초래했다. 여러 달 동안의 협상 끝에 한국 정부는 박동선에게 면죄를 조건으로 미국의 '코리아게이트' 재판에서 증언할 것과 스캔들을 조사하는 의회 위원회에서 증언하는 것을 허용하기로 합의를 보았다. 전직 한국 주미 대사를 심문하는 까다로운 문제는 그것이 서면으로 행하여진다는 조건으로 합의를 보았다.

조성하기 위해 미국 국회의원과 공직자들에게 1970년대 들어 매년 50만 달러에서 100만 달러에 이르는 현금을 포함한 뇌물을 뿌렸다고 보도했다. 코리아게이트 사건으로도 알려진 이 박동선 로비 사건은 인권 문제와 함께 한미 관계에 치명적인 사건이 되었다. (위키백과, '코리아게이트' 참조)

코리아게이트가 한미 유대를 입증(?)

워싱턴 로비에 한국 정부가 관여했다는 상당한 심증과 강도 높은 미국 정부의 조사에도 불구하고 양국의 외교 당국 간의 관계는 우호적인 것으로 남아 있었다는 사실은 한미 간의 유대가 상당히 강했다는 점을 입증하고 있다. 동시에 수명의 미국 진보파 의원들이 로비 사건을 계기로 미국의 대한 안보 공약을 약화시킬 수 있는 법안을 제의하였으나 그러한 내용의 중요한 법안들은 한 가지도 의회를 통과하지 못했다. 오히려 이 기간에 카터 대통령의 주한 미군 철수 계획이 의회의 주요 인물들과 군부 지도자들로부터 비판을 받고 무위로 돌아가게 되었다.

카터 대통령은 대선 운동 기간 중 주한 지상군 33,000명 전원을 한국으로부터 철수하는 안을 선거 공약으로 내놓았고 취임 후 1977년 3월 9일 열린 기자회견에서 이러한 철수 계획이 4, 5년 내에 이행될 것이라고 천명하였다. 이어서 미국 정부는 철수 계획의 첫 번째 단계로 1978년 말까지 약 6,000명의 미군이 철수할 것으로 발표하였다. 단계적이나마 이러한 철수 계획은 한국 정부가 어느 정도 예상은 했던 것이지만 이러한 철수 계획 발표의 '적절치 못한 시점(poor timing)'에 대해 한국 정부는 우려할 수밖에 없었다.

당시 미국 법무부는 워싱턴에서의 한국 로비활동 수사를 확대하는 중이었고 새로 출범한 미국의 카터 행정부는 인권 문제를 외교의 주요 사항으로 강조하고 있었다. 따라서 미국의 주한 미군 철수 결정은 미국이 한국을 응징하는 조치로 간주될 위험도 내포하고 있었다. 한국 정부는 또한 미국이 일방적으로 철군함으로써 상대방인 공산 세력으로부터 아무런 대가도 받아내지 못하고 한반도 상황의 안정화에 대한 약속도 얻지 못한 점에 대해 불만스럽게 생각하였다.

결과적으로 미국 내에서도 여러 의회 및 군부 지도자들이 카터 대통령의 철군 계획을 마땅치 않게 생각하고 있었다. 1978년 2월 발표된 상원 외교위원회 보고서에서 상원의원이던 험프리(Hubert Humphrey) 의원과 미국 최초의 우주인 글렌(John Glenn) 의원은 철군 계획을 강력하게 비판하고 카터 대통령이 철군을 실행에 옮기기 전에 상세한 이유와 보완 계획을 의회에 제출할 것을 요구하였다. 1978년 4월, 하원 군사위원회는 카터 대통령에 직접 도전하는 결의안을 통과시키고 시기상조인 미 지상군의 한국 철수 결정을 철회하라고 요구하였다.

의회의 강한 압력에 부응하고 당시 소련과 북한의 대규모 군비확장에 대응하여 카터 대통령은 미군 철수를 1978년 3,500명 축소로 제한하고 나머지 미군의 철수는 무기한 연기하는 결정을 내렸다.[2] 동시에 주한 미 공군의 병력과 공군기의 숫자를 20퍼센트 늘리는 결정을 하였다.

동시에, 한국의 군사력 강화 프로그램을 위하여 미국 의회는 1978년

---

2 카터 대통령의 안보 보좌관 브레진스키(Zbigniew Brzezinski)와의 인터뷰, 1993년 12월 20일.

8월 8억 달러 상당의 군사 장비를 한국에 이전하는 것을 포함한 12억 달러의 군사원조 프로그램을 승인하였다. 한국 공군은 1978~1979년 미국으로부터 추가로 6대의 F-4E 팬텀 제트 전투기를 이전받고 그 후 수년 내로 60기의 F-16 전투기를 한국에 전달하는 것도 계획되었다. 그 뿐만 아니라 미국은 한국의 방위산업을 지원할 준비가 되어 있음을 강조한 것으로 알려졌다.

위기에 대처하는 한국의 '소방외교'가 얼마나 카터 대통령의 주한 미군 철수 의지를 바꾸도록 했고 미국 정부가 계속하여 한국의 안보에 관심을 갖고 한국의 국방 노력을 지원하도록 만들었는지는 알 수 없다. 그러나 한국의 안보와 방위와 관련된 미국의 결정 사항—그것이 미군 철수와 관련된 것이든 국방을 지원하는 것이든—들은 한국이 그러한 결정에 영향력을 행사하려는 노력과는 별도로 미국 자체의 계산과 내부 토론의 결과였을 가능성이 큰 것은 사실로 보인다.

1972년 봄 닉슨(Richard Nixon) 대통령의 중국 방문은 1972년 7월 남북 대화의 계기가 되었다. 한국이 북한과의 대화를 수락한 것은 아마도 미국의 격려도 받았을 것으로 생각되는 바, 그것은 4반세기 동안 존재했던 남북한 간의 극심한 적대관계를 지양할 가능성을 탐색하기 위한 것으로 판단된다. 북한은 남북한 대화에 참여함으로써 주한 미군 계속 주둔의 명분을 약화시키고 국제사회에서 사실상의 존재감을 획득할 기회로 삼은 것으로 보인다. 또한 북한의 김일성 주석과 남한의 박정희 대통령은 각자 내부적 위치를 공고히 하고 장기 집권의 명분과 기반을 조성할 기회가 필요했다.

모처럼의 남북한의 만남은 좋은 구경거리가 되고 양측의 선전 효과
는 있었지만, 남북관계를 개선하고 호전시키는 계기가 되지는 못했다.
남북조절위원회의 첫 번째 전원회의는 1972년 11월 30일에 서울에서,
2차 회의는 1973년 3월 중순 평양에서 그리고 3차 회의는 1973년 6월
서울에서 열렸다. 3차에 걸친 회의에서 남측은 정치와 군사 문제 해결
에 앞서서 경제적, 문화적 교류와 협력을 제안하였고, 북측은 정치와
군사 문제를 우선적으로 해결할 것과 주한 미군 철수, 즉각적 평화조
약 체결 그리고 상호 군사력 축소를 주장하였다. 이러한 상황에서 회
의의 교착은 불가피했다. 양측은 각기 상대방의 제안이 받아들여질 경
우 자신의 이념적, 군사적, 국제적 위치가 훼손될 것을 우려하였다. 따
라서 남북회의는 1973년 가을까지 진전을 보지 못하였다.

1970년대 후반에 한국은 미국이 직접 또는 일본을 매개로 하여 소련
이나 중국에 상응하는 조치 없이 북한과 공식적인 관계를 수립할 가능
성에 대해 우려하였다. 북한이 집요하게 미국과의 접촉 가능성을 탐색
하는 과정에서, 제3세계의 제3자들, 예컨대 유고슬라비아의 티토 대통
령, 루마니아의 차우셰스쿠 대통령, 가봉의 봉고 대통령 등이 카터 대
통령과 김일성 주석의 중개역을 자청한 것으로 알려지고 있었다. 그러
나 카터 대통령은 한국의 참가 없는 미북 회담은 불가능하다고 못을
박았다.[3] 이와 관련해 카터 대통령이 1979년 6월 한국을 방문하는 계
기에 한국과 미국은 북한에 한반도의 긴장 완화를 위한 미국과 남북한

---

3 리처드 홀브룩 아태담당 차관보와의 인터뷰 (*Far Eastern Economic Review*, November 18, 1977).

이 참가하는 3자 회의를 개최할 것을 제의하였다. 북한이 그러한 3자 회의 제의를 거부하는 한편 한국의 미북 간의 접촉에 대한 우려는 대체로 경감되었다.

1960년대와 70년대 기간 중 한미 관계에 있어서 또 하나의 특기할 만한 현상은 한국의 국제 경제 관계가 다변화했다는 사실이다. 미국과의 교역량은 1962년에서 1976년까지 전 세계와의 교역액의 49퍼센트에서 27퍼센트로 감소하였다. 미국과 일본과의 교역량을 합한 금액은 1962년 전체 교역액의 76퍼센트에서 1976년 27퍼센트로 감소하였다.[4]

1976년까지 미국은 35퍼센트로 한국의 최대 채권국이었다.[5] 그러나 1970년부터는 대부분의 국외 채권국이 미국이나 일본 이외의 국가로 이전되었다. '해외 직접 투자' 범주에서 1976년에 들어서서 미국의 점유량은 일본의 3분의 1로 줄어들어 일본에 비하여 훨씬 작은 비중이 되었다. 1971년 이후 일본의 대 한국 투자는 미국의 투자를 훨씬 능가하였다. 이렇듯 한국이 미국에 대한 경제적 의존도를 상당히 감소시킨 것은 전반적인 분야에서 미국에 대한 의존도를 줄인 것의 원인과 결과가 동시에 되었다는 것을 말해 준다. 미국이 직물(織物), 신발류, 컬러 TV 등의 전자 상품의 수입에 대해 저항하는 것을 상쇄하기 위해 한국 정부는 미국의 상품, 특히 농산물과 군사 및 민간용 항공기의 구매를 추진하였다.

1970년대 중반에는 한국 정부는 미국 정부와 언론이 한국의 로비 활

4 대한민국 경제기획원 발표.
5 *Ibid.*

동에 대한 혐의를 처리하는 방법에 대하여 상당히 분개하는 모습을 보였다. 과거에 한국에 대하여 좀 더 관대하여 협조적 관계를 가능하게 했던 사회 정치적 분위기에 익숙하였던 한국은 갑자기 엄격해진 조사 과정이 한국의 이미지를 훼손시키려는 저의가 있는 것이 아니냐는 의심도 하게 되었다. 미국이 자국의 정책 결정 과정에 영향력을 행사하려는 한국의 '오만함'에 불쾌감을 느꼈다면, 한국은 미국이 그의 약소국 동맹국을 언론 기관과 입법부 그리고 법무부를 통하여 문죄하는 것에 대하여 실망감을 느꼈다.

이와 같은 소원한 반응은 미국이 한국의 인권 문제를 취급하는 방법에 대해서도 마찬가지로 갖는 정서였다. 한국 정부는 미국의 안보 정책이 인권 문제 같은 지엽적인 문제로 실질적인 변화를 맞게 될 것이라고는 믿지 않는 한편 의회의 청문회와 기타 발언들이 미국의 정책 결정을 위한 과정이라기보다 박정희 정부를 망신시키려는 의도를 가진 것이라고 믿는 것으로 보였다.[6]

이렇듯, 1970년대 후반의 한미 관계는 전반적으로 '후원자-피보호자' 관계에서 일종의 '동반자' 관계로 전환하는 과정에서의 긴장과 진통을 경험하고 있었다고 볼 수 있다. 그렇다고 동반자 간의 인식과 영향력의 비대칭성이 완전히 소멸된 것은 아니었다. 애초에 극심한 불평등을 기

---

6   1974년에 미국 의회는 1억 4천5백만 달러의 정상적인(조건 없는) 군사 지원 이외의 2천만 달러의 추가 지원 결의안을 '인권 문제에 있어서 한국이 국제적으로 인정받는 기준을 준수하는 조건'을 붙여 통과시켰다. (U.S. House of Representatives, 'Human rights in South Korea and the Philippines: Implications for U.S. Policy,' 94th Congress (Washington, D.C., 1974), p. 2 참조) 한국 정부는 이러한 조건부 원조는 상당히 모욕적인 것이라고 받아들였다.

반으로 탄생하고 기능한 동맹 관계는 그러한 불평등 관계에 변화가 생길 때 상당한 진통이 있을 것이라는 점은 예상할 수 있는 일이었다.

미국은 한편으로는 지상군을 아시아에서 축소하고 전쟁에 휩쓸려 들어갈 가능성을 최소한으로 만들기를 원하면서 다른 한편으로는 지역의 군사 상황을 관리하고 동맹 파트너의 내부 문제에도 관여할 수 있기를 원했다. 그러한 반면, 한국은 한편으로는 미국의 계속되는 가부장적 태도와 내정 간섭을 배척하면서도 다른 한편으로는 국가의 방위뿐 아니라 외교적 문제에서도 미국에 의존하는 모습을 보였다. 뿐만 아니라 한국은 미국과의 관계에 있어서 미국의 국내 정치 및 정책 결정 과정에 대한 이해 부족을 보여주었는데 이는 자주 자국의 국내 정치 역학을 미국에 투영한 결과였다고 말할 수 있다.

이러한 맥락에서 키신저(Henry Kissinger)는 1960년대의 대서양 동맹을 '고통의 파트너십(troubled partnership)'으로 규정하면서 다음과 같이 한미동맹에도 적용될 수 있는 분석을 내놓았다. '전후 시기의 대부분 기간 동안, 우리 동맹국[유럽 국가]들의 정책은 주로 자신들의 구상을 개발하는 대신 미국의 결정에 영향을 주는 노력으로 대신하였다. 이것은 결과적으로 많은 논란과 안보 불안을 초래했다. 때로는 우리 동맹국들은 미국의 일관성 있는 정책을 고무하기보다 미국의 지원 약속을 얻어내는 데 집중하였다. 과도한 의심은 형식적인 합의에 그쳤다. 이것은 기회보다는 위험을 더 의식하고 현상(status quo)으로부터의 이

탈에 대한 공포를 낳는 결과를 가져왔다.[7] 그럼에도 불구하고 한미동
맹은 한국의 방위비 분담을 증가시키고 작전과 관련된 정책 결정에 참
여를 증대시키는 방향으로 움직였다.

7   Henry A. Kissinger, *The Troubled Partnership: A Re-Appraisal of the Atlantic Alliance*
    (New York, 1965), pp. 6-7.

한미 관계, 더 이상 좋을 수 없다
박정희 대통령 이후의 한미 관계

1979년 10월 26일 박정희 대통령이 사망하고 한국과 미국에서 정권이 바뀐 후 한미 관계는 급격히 개선되었다. 레이건(Ronald Reagan) 대통령은 새 주한 대사로 보수적인 남캐롤라이나대학교 정치학 교수 리처드 워커(Richard L. Walker)를 임명하였다. 그는 1981년 7월 서울에 도착하여 한미 관계는 더 이상 좋을 수 없다고 선언하였다. 그러한 견해는 그 후 양국 정부 인사들이 여러 번 반복하였을 뿐 아니라 사실상 그렇게 믿고 있었다. 그들은 레이건 행정부의 취임으로 그동안의 양국 간 '오해'가 풀렸으며 새로운 우호의 시대가 도래했다고 믿었다. 그들은 그러한 시대가 오랫동안의 불편한 관계를 거친 후에 돌아왔으며 동시에 미국과 일본의 관계가 악화되어 보이는 시점에 온 것을 다행스럽게 생각하였다. 그들은 한국이 과거 미국과의 불편한 관계를 청산하고 외교의 다른 중요한 영역, 특히 동아시아 쪽으로 관심을 돌릴 수 있게 된 것을 다행스럽게 생각하였다.

우리는 한국 정부가 생각하는 새롭게 도래한 한미 관계의 우호적 시기의 이유와 의미에 대해서 조심스러운 분석을 시도해 볼 필요가 있다. 그 하나는 양국 관계가 레이건 행정부 출범 후 실제로 얼마나 개선되었는가 하는 문제이다. 또 하나의 의문은 그러한 관계 개선이 카터 행정부와 다른 레이건 행정부의 정책과 태도 때문이었는가 하는 문제이다. 세 번째 의문은 그러한 개선된 한미 관계가 한반도와 동아시아 지역에 어떠한 정치 외교적 결과를 가져올 것인가 하는 것이다. 끝으로, 새롭게 조성된 우호의 시기가 얼마나 지속될 것인가 하는 문제이다. 이상의 질문들에 대한 조심스러운 해답을 찾아보는 것이 이 장(章)의 목표이다.

한국과 카터 행정부

한국은 카터 행정부 시기에 미국과의 불화 때문에 상당한 불안감을 갖고 지내야 했다. 양국 관계의 긴장은 몇 가지 처리 곤란한 이슈들로 인해 생긴 것이었다. 그 하나는 카터 대통령의 주한 미군 철수 계획이었다. 둘째로 '코리아게이트' 로비 사건, 셋째로 한국의 인권과 민주주의 후퇴 문제가 있었다. 끝으로 한국의 북한과의 관계에 관한 것이었다. 한미동맹을 어렵게 만드는 근저에는 한반도 문제에 관한 양국의 전략적 사고의 간극이 있었고 미국의 고위 외교관이 말한 카터 행정부의 '협박과 요구 어프로치'가 자리 잡고 있었다.[1]

---

1   당시 주일 미국 대사 맨스필드(Mike Mansfield)는 1981년 4월 3일 기자회견에서 "레이건 행정부는 '협박과 요구를 중심으로 한 외교'를 지양할 계획을 세우고 있다"라고 언급하였다. Associated Press, April, 3, 1981).

일반적으로 이야기해서 한미 관계는 카터 행정부 시기에 세 가지 다른 성격의 단계를 거쳐 가야 했다. 그 1차 단계라고 볼 수 있는 처음 2년간은 양국 관계가 최악의 상황이었다고 할 수 있다. 이 기간에 카터 대통령은 그의 주한 미군 철수 방안을 발표했고 미국의 한국 로비활동 조사가 본격적으로 진행되고 있었다. 그리고 이 기간에 미국 관리들은 한국 대상자들이 '귀찮게 군다'라고 생각할 정도로 허세를 부린 것으로 전해졌다.[2]

두 번째 시기는 1978년부터 1979년 10월 박정희 대통령이 시해될 때까지 계속되었는데, 그동안 카터의 미군 철수 계획이 철회되었다. 카터 행정부가 계속 한국의 국내 정세에 대하여 우려를 표명했지만, 북한의 위협과 한국의 전략적 중요성에 대해 한미 간의 이견이 좁혀지면서 양국 관계는 점차 호전되었다고 볼 수 있다. 미국은 한국 정부가 불완전할망정 미국과 공생하고 협력하는 것이 한국 정부를 곤경에 처하게 만들고 정부의 통치력을 약화시킴으로써 한국의 정치, 경제 및 안보의 관리 능력을 훼손시키는 것보다는 낫겠다는 결론에 도달한 것같이 보였다. 카터 대통령이 궁극적으로 한국을 온전한 '동맹국'으로 내키지 않으나마 받아들인 것은 1979년 여름이었다.[3]

그 세 번째 단계는 1979년 10월 박 대통령의 서거에서부터 시작한다. 박 대통령 사후에 미국은 일차적으로 북한이 박 대통령 사후의 전환 시기를 이용하여 도발할 것에 관심을 갖게 된다. 박 대통령의 생존 시 권

2   *Far Eastern Economic Review*, May 15, 1981, p. 44.
3   *Ibid.*

위주의적인 정치를 폈던 것에 유의하여 미국은 한국이 안정된 경쟁적 (민주적) 정치로 전환하는 것에 관심을 두게 된다. 그러나 완전한 민주주의가 이루어질 것이라는 부푼 기대는 대규모의 학생 데모들과 그에 따른 1980년 5월의 계엄령 그리고 전두환 장군이 이끄는 군부 세력의 권력 장악으로 무위로 돌아가게 된다. 카터 행정부는 애초에는 한국에서의 민주 정치의 후퇴를 승인하지 않았으나 결국은 불가피한 상황을 받아들이는 결정을 한다. 따라서 카터 임기의 말기에 이르러 한국 정부는 미국의 1980년 11월 대선에서 카터가 대통령으로 재선되더라도 문제될 것이 없다는 결론을 내리게 된다.

그러므로 결국은 새로 출범한 레이건 행정부는 카터 행정부가 그 임기 말기에 조금 늦은 감이 있었더라도 선택한 한국의 권위주의 정부를 용인하는 정책을 빨리 결실을 맺도록 하는 역할을 한 것이라고 말할 수 있다. 그것은 사실상 한미 간의 상호이해와 협력 그리고 신뢰를 회복시키기 위한 정책이었다. 그렇다고 해서 카터 취임 후 두 나라 사이의 어려웠던 관계를 과소평가하든가 두 정부 사이에 긴장 관계가 어느 정도 지속되었다는 사실을 부정하는 것은 아니다. 카터 행정부 기간 중 양국 관계가 난관에 부닥쳤던 것은 카터 대통령 자신의 외교정책에 기인했다고 할 수 있다. 그러나 그것은 카터 행정부 혼자만의 책임은 아니었다.

한국 로비 사건의 폭로는 워터게이트 사건과 베트남 경험 이후 미국민이 자신들의 정부와 다른 나라(특히 동맹국)의 비리와 비행도 노출하겠다는 강한 의지를 반영하는 것이었다. 국민의 이러한 정서와 좌편

향하는 이념적 경향에 비추어 미국 정부는 비록 보수 정부이더라도 외국의 주요 스캔들을 철저하게 수사하라는 국민적 압력을 회피할 수 없었던 것이다.

카터 행정부는 한국의 전략적 정치적 여건을 충분히 이해하지 못하는 가운데 철수를 공약한 상태에서 출범하였다. 미군 철수를 뒷받침하는 전략적 전제는 1970년대 북한과 소련이 대규모의 군비확장을 했다는 사실로서 붕괴되었다. 한반도에서 미군 주둔의 필요가 소멸했다는 전제들은 미군 철수에 대하여 강력히 반대하고 불안을 느끼는 미국의 의회 및 군부 지도자들에 의해 도전을 받았다.

카터 대통령의 철군 계획은 더 이상의 전투부대의 철수는 '정지된다 (hold in abeyance)'는 카터의 결정으로 포기되었음에도 한국전과 베트남전에서 혈맹으로 절친했던 두 동맹국 간의 우정은 불신과 실망으로 대체되는 위험을 경험했다.

카터 대통령은 4년 집권 기간 동안, 그의 철군 정책을 정당화하기 위하여 한국 정부에 1973년 남북대화가 중단된 이후 남한에 적대적이고 남한과의 관계를 거부하는 북한과 새로운 소통을 시작하고 북한과의 화해를 시도하라는 압박을 가해 왔다. 1979년 카터는 서울을 방문하여 마음에 내켜지 않는 박정희 대통령에게 남북한과 미국의 3자회담을 제안한 것으로 알려졌다. 한국 정부는 오히려 미국이 일방적으로 북한과 공식적인 관계를 수립할 가능성을 우려하고 경계하였다.

양국 간 긴장 관계의 가장 중요한 원인은 카터 행정부가 임기가 끝날 때까지 인권과 민주주의의 이름으로 한국 정부가 내정 간섭이라고 생각하는 압력을 가했다는 사실이다. 카터 행정부는 한국의 국내 정치 과정에 있어서 미국이 갖는 영향력에 한계가 있음을 인지하지 못했다. 미국이 한국의 정치권에 여전히 상당한 영향력을 가졌던 것은 사실이다. 그러나 이러한 영향력은 집중적이지 못하고 널리 방산(放散)된 상태로 존재할 뿐이었다. 미국은 한국 정치에 영향력이 있었으나 어떠한 구체적인 목적을 위해서 사용할 수 있는 힘이 아니었다. 한국의 집권자들이 핵심적인 중요성을 부여하는 문제에 있어서는 더욱이나 효과 있는 힘이 못 되었다.[4]

카터 행정부는 다른 나라에서의 인권 신장 문제에 관한 한 그것이 비생산적인 것으로 드러나더라도 정책을 이행하는 자신의 언사와 방법으로 해서 제한적인 효과만 낼 수 있다는 사실을 깨닫게 되었다. 용납할 수 없는 외국 정부를 상대할 때, 미국은 그 정부를 비난하고 약화시키든지 아니면 그것을 품에 껴안고 정치적 영향력을 적절히 활용하는 방법이 있었다. 문제점은 그 첫 번째 옵션을 택했을 때, 그것은 현지 정부를 약화시키지도 퇴출시키지도 못하고 적개심만 고취시킨다는 것이었다. 만약 미국이 그 정부를 약화시킨다 해도 과거 이란의 경우가 그랬던 것과 같이 사태를 더 악화시키지 않는다는 보장은 없는 것이었다.

두 번째의 옵션(마땅치 않은 정권을 껴안는)은 미국 내에서 첫 번째의 옵션이 현실적이지 않다는 것과, 그러한 정권을 고무하고 용인하며

---

4 1980년까지는 미국이 유엔사를 통하여 한국군의 작전통제권을 보유하고 있었으나 한국군의 이동을 좌우할 수는 없는 입장이었다. 더욱이 유엔사는 군사동원에 관한 한미 간의 합의를 무시하고 군대가 동원되었을 때 그것을 원대 복귀시킬 수 없다는 것을 깨닫게 되었다. (Stanley Hoffmann, 'Requiem' Foreign Policy, Spring 1981, p. 6 참조)

과도한 압력은 지양하는 방침은 조용한 방법으로 이행돼야 한다는 합의가 있어야 한다는 것이었다. 그러한 방법을 취하는 것의 한 가지 문제점은 미국이 비민주적인 정부를 지원한다는 비판에 직면할 가능성이었다. 결과적으로 카터 행정부는 한국에 대해서는 인권 문제에 있어서 강경도 아니고 온건도 아닌 중간 노선을 선택하였으며, 대신 공개적으로 한국 정부를 비판하고 경고를 줌으로써 박정희 정부를 분개하게 했다. '제재'도 시도되었으나 별로 효과를 보지 못하였다. 그 결과는 미국 정부가 안보에 필요한 한국에의 지원 제공을 용이하게 만드는 대신 한국 정부가 미국에 대하여 더 많은 불신, 방어적 태도 그리고 완고한 반응만 갖게 만들었다는 점이다.

카터 행정부의 한국에 대한 인권 정책이 아무런 긍정적인 효과가 없었다는 것은 아니다. 카터 행정부의 인권 정책은 의식 고양 외에는 별 성과가 없었지만, 역설적으로 인권 정책이 효과를 보지 못함으로써 그 후속 정권인 레이건 행정부가 일을 다른 방법으로 처리하는 것을 용이하게 만들었다는 이점이 있었다.[5]

레이건 행정부는 4년 전(카터 행정부가 출범했을 때)보다 보수적 성향에 훨씬 우호적인 정치 분위기를 만들어놓았다. 그것은 전적으로 카터 대통령 정책의 실패 경험 덕이라고 하겠다. 카터 행정부의 실패 경험이 없었으면 레이건 대통령이 그의 정책을 반전시키고 한국의 전두환 정부를 감싸는 정책을 선택하기는 어려웠을 것이다.

5 *Ibid.*

레이건 행정부의 한국 정책

　대통령 당선자 레이건이 한국 대통령 전두환을 워싱턴으로 초청한 데는 위험과 기회가 공존해 있었다. 레이건이 취임도 하기 전에 전두환 대통령의 워싱턴 방문을 협상하는 동안 국무부와 정규적 외교 채널을 전부 우회하였다. 미국 측에서는 레이건이 취임 후 첫 번째 안보 보좌관으로 임명한 리처드 앨런(Richard Allen)이 1981년 1월의 전 대통령 방미를 조용히 추진했다고 알려졌다. 이 비공식 교섭은 당시 5.18 광주 민주화 운동과 관련하여 구금되어 사형선고까지 받은 야당 지도자 김대중의 석방을 조건으로 내건 것이었다. 전 대통령의 방미 교섭의 결과는 레이건 대통령이 취임하는 날에 발표하게 되어 있었는데 만약 이러한 거래가 사전에 발설될 경우 레이건 행정부로서는 감당하기 어려운 망신을 당할 수 있는 모험이었다.

　만약 일이 순조롭게 진행되면 레이건 행정부는 아직 정통성이 확립되지 못한 전두환 대통령을 워싱턴의 첫 손님으로 초청하여 그의 위신과 정치적 위상을 높여주는 대신 김대중 후보의 석방과 군정 반대파

지도자들의 자유를 찾아줄 수 있었다. 그러나 일이 틀어지는 경우에는 레이건 대통령은 일반적으로 신임 대통령이 가질 수 있는 의회와 국민들과의 밀월 기간도 희생할지 모르는 위험한 모험을 했던 것이다. 한국 내에서 전두환 대통령이 김대중 사면을 실현하지 못할 수도 있고, 미국 내에서 격렬한 반대와 비난 여론에 부딪힐 수도 있었기 때문이다.[1] 레이건 대통령으로서는 김대중 문제가 만족스럽게 해결되고 그가 그 공로를 인정받을 수 있는 것이 중요했다. 그것이 모험이었던 또 하나의 이유는 전두환 대통령은 아직 '대행'의 신분이었고 새로 제정된 헌법에 따라 7년제 대통령에 정식으로 당선되기 위해서는 몇 개월을 더 기다려야 했기 때문이다.[2]

전두환을 워싱턴으로 초청함으로써 레이건 대통령은 그의 전임자가 경고와 항의로 이루지 못한 일을 성취하였다. 대신 그는 한국 정부에 지원을 약속하였고 그에 따라 한국 정부는 좀 더 많은 자신감과 자율감을 갖게 되었다. 결과적으로 레이건 행정부는 한국 정부를 좀 더 유연하게 만드는 데 성공하였다. 뿐만 아니라 하나의 과감한 결정으로 세계에 설교하던 것―즉, 안보와 결속이 인권 등 다른 고려 사항을 우선한다―을 실행한다는 의도를 보여주었다.

레이건 대통령이 취임한 후 확실해진 것은 아시아에서의 그의 기본적인 전략 목표였다. 그것은 '아시아 지역에서의 소련의 팽창정책을 견

---

1 저자의 당시 Paul Cleveland 주한 미국 공사 인터뷰. 1992년 4월 29일.
2 레이건 대통령은 김대중 문제의 민감성에 비추어 그가 대통령에 당선된 지 2주일 후 리처드 앨런으로 추측되는 그의 보좌관을 통하여 김대중의 사형이 절대로 집행되어서는 안 된다고 경고하였다. (*New York Times*, November 19, 1980).

제하고 미국의 리더십을 복구하기 위하여' 한국을 주축으로 하는 다수의 우호 국가를 포함하는 연합을 구성하는 것이었다. 따라서 그는 한국은 물론 아시아에서의 미국의 군사 태세의 약화를 막고 오히려 강화할 것과 한국의 군사력 증강 프로그램 지원에 인색하지 않을 것임을 명백하게 하였다. 한국 지도자들이 특히 반갑게 받아들였던 것은 레이건 대통령과 그의 보좌관들이 냉전이 아직 희석된 것이 아니며 한국이, 그 전(카터) 행정부가 그렇게 믿는 인상을 주었던 것처럼, 일본의 방위를 위한 외곽 기지로서가 아니고 그 자체로서 전략적 가치가 있다는 것을 인정했다는 사실이다.

1981년 2월 2일에 백악관에서 열린 전두환-레이건 한미 정상회담은 언론 보도에 의하면 '화기애애한 분위기에서 열렸으며 한국에 대한 미국의 안보 공약을 새로이 확인하는' 회담이 되었다.[3] 공동성명서에서 레이건 미국 대통령은 '미국은 한국에서 미국 지상군을 철수할 계획이 없음'을 확인하고 '미국은 한국에 침략을 억지할 한국의 능력을 제고하기 위해 필요한 무기 체계와 군사 산업 기술을 판매할 것'을 약속하였다.[4] 이 성명서는 또한 카터 행정부 때 중단되었던 한국에서의 인권과 다른 정치 문제들에 대한 한미 정부 간 협의도 즉시 재개하기로 합의한 것으로 보도되었다.

전두환 대통령과 그의 워싱턴 방문에 배석했던 보좌관들은 기대를

---

3 *Far Eastern Economic Review*, May 15, 1981, p. 44

4 *Korea Herald*, February 3, 1981.

넘어서는 방문 결과에 의기양양한 기분으로 귀국하였다.[5] 그들은 레이건 행정부 인사들뿐 아니라 의회와 민주당 지도자들의 따뜻한 환영에도 기쁨과 고마움을 느꼈다. 전 대통령은 2월 7일 한국에 돌아온 후 방미의 주요 결과는 '신뢰의 회복'이라고 선언함으로써 그 이전 시기에 한미 간 신뢰가 상실되었었음을 암시하였다.[6]

방미의 직접적인 성과는 같은 달(2월) 11일로 예정되어 있던 한국 대통령 선거를 앞두고 있던 전두환 대통령 대행의 정치적 위상을 결정적으로 상승시킨 점이다. 레이건 대통령과의 회담은 전두환이 국제무대에서 활동할 능력이 있는 지도자이며 위신과 위상 면에서 다른 군사 지도자들을 앞서고 있다는 것을 증명하는 기회를 주었던 것이다. 이 모든 것은 전두환 후보의 압도적인 대선 승리와 합작하여 그의 정부에 자신감과 유연성을 주는 데 기여했다. 이는 그가 한국 정치에 관한 미국의 조언에 덜 민감하게 반응하는 데도 기여하였다.

그 이후 몇 달 동안 한국과 미국의 관계가 더 가까워졌다는 것은 몇 가지 증거로서도 나타났다. 첫째, 미국은 한국에 대한 안보 지원을 확대하였다. 한국의 방위 태세를 강화하는 것은 다음의 두 가지 면에서 추구되었다. 주한 미군의 수적 증대와 한국 군사 현대화 프로그램에 대한 활발한 지원 제공이 그것이었다.

한미 연합참모부의 존 위컴(John A. Wickham, Jr.) 사령관은 주한

---

5 김경원 대통령 비서실장과의 인터뷰, 1981년 2월 12일.
6 미 국방부는 그해 7월 미국의 F-16 전투기들이 처음으로 한국에 있는 미 8 전술전투부대에 합류한다고 발표하였다. (*Korea Herald*, July 9, 1981 참조).

미군의 전투 준비는 여러 방면에서 추구된다고 발표하였다. 첫째는 F-4 전투기를 F-16 전투기로 교체하는 것이었고, 둘째는 미 공군의 A-10 근접 항공 지원 편대를 차후 2년 안에 배치하는 것이었다.[7]

같은 해 4월 하순에는 샌프란시스코에서 열린 한미 안보 협의회의 (SCM, Security Consultative Meeting)에서 와인버거(Caspar Weinberger) 미 국방장관이 확실하게 '미국의 핵우산은 계속 한국에 안보를 제공해 줄 것이다'라고 확인하였다.[8]

샌프란시스코 SCM 회의 후 발표된 공동성명서는 아마도 과거 15년 간 한미 간에 발표된 미국의 안보 공약 중에 가장 강력한 것이었다. 성명서에서 미국은 한국의 안보가 동북아의 평화와 안정과 미국 자신의 안보에 핵심적(pivotal) 사항이라고 못 박고, 미국은 '한국이 침략을 받으면 그것을 물리치기 위하여 즉각적이고 효과적인 지원을 제공하겠다'라고 재확인하였다.[9]

미국이 성명서에서 한국에 "한국의 방위 증진을 위해 필요한 첨단 기술과 장비의 판매 그리고 해외 군수 판매를 위한 구매신용을 증가시켜 주겠다"라고 약속한 것 또한 의미 있는 일이다.[10]

이와 관련하여 레이건 행정부는 5월에 36기의 F-36 전투기를 1983년부터 3년에 걸쳐 한국에 공급할 것을 승인하였다. 이에 보태 미국은

7   미국이 한국에 F-16 전투기를 배치한 것은 제8 전술전투부대를 강화하기 위한 것이었다. (*Korea Herald*, July 9, 1981 참조.)

8   *Korea Herald*, July 9, 1981.

9   *Ibid.*

10   *Ibid.*

F-5 제트전투기를 한국에서 생산할 수 있도록 부품을 공급하기로 했고 4500톤 구축함을 한국에 전달하였다. 이렇듯 미국이 한국에 과시적 무기 판매를 행한 것은 인권 문제를 상세히 따지지 않고 미국에 우호적인 국가에는 무기를 판매함으로써 우호에 보상하겠다는 레이건 행정부의 동맹국에 관대한 정책을 과시하기 위한 면도 있었다.[11]

북한 문제

미국의 대 한국 정책은 적성국인 북한의 존재와 그것이 남한에 위협이 된다는 사실을 고려하지 않고는 다른 논점을 발견하기 어렵다. 북한은 당연히 1977년 3월 발표된 카터 대통령의 주한 미 지상군 철수 결정을 환영하였다. 그러나 얼마 안 가 북한은 그러한 철수가 이행되더라도 그것은 광범위한 한국 군사력의 개선 프로그램과 미국이 철수할 계획이 없는 공군력의 강화를 동반할 것이라는 점을 깨닫게 되었다. 여하간 미 지상군 철수 계획마저도 카터 행정부는 결국은 번복하게 되었다. 더욱이 카터 행정부는 북한이 제안하고 때때로 미국의 관심을 환기시킨 평화 조약을 위한 미국과의 양자회담에 대하여 긍정적인 반응을 보내지 않았다. 미국은 그 대신 협상에 한국이 참여하지 않으면 북한과 협상할 의도가 없음을 확실히 하였다. 북한은 카터 행정부가 미군 철수 계획을 철회한 것과 북한과의 직접 협상을 거절한 것에 대해 커다란 실망감을 나타냈다.

---

11 *Associated Press*, July 11, 1981. 레이건 행정부는 한국의 미국 무기 구매를 위해 FMS (해외무기판매) 조건도 대폭 완화하였다.

그런가 하면 카터 행정부는 남한이 1973년 이래 중단되어 왔던 남북한 대화를 재개할 것을 종용하여 남한의 불안감을 야기시켰다. 한국 정부는 카터 행정부가 한국의 이해관계를 희생해서라도 한반도 문제의 정치적 돌파구를 찾는 데 주력한다는 느낌을 가졌다. 이와 관련하여 한국 정부는 미국이 한국의 기대에 어긋나더라도 미국이 북한과 일종의 직접 접촉을 시도하는 것에 대해 우려감을 갖게 되었다.

1979년에는 미국 탁구 팀이 몇 명의 기자들과 함께 북한을 방문하였다. 1980년에는 하원 외교위원회의 아태 소위원회 솔라즈(Stephen Solarz) 위원장이 '개인 자격'으로 북한을 방문해서 김일성 주석을 면담했다.[12] 공교롭게도 같은 시기에 전 국무부 관리인 레스턴(Tom Reston)도 북한을 방문하여 솔라즈 의원의 방북이 언론의 각광을 받았다. 이들의 방북이 국무부의 제안이나 승인을 받은 것인지는 알려지지 않았으나 한국 정부는 최소한 카터 행정부가 그들의 방북을 저지하지 않은 것에 대해 불만을 가졌다. 그리하여 카터 행정부는 남북한에 대한 일관성 없는, 때로는 모순되는 정책으로 남북한 양쪽을 소외시키고 실망시킨 결과를 가져왔다.

대조적으로 레이건 행정부는 북한과 남북관계와 관련하여 일관성 있고 명백한 태도를 고수하였다. 레이건 대통령은 직을 인수받은 후 얼마 안 되어 1979년 6월 박정희 대통령과 카터 대통령 회담에서 제안한 남북한과 미국의 3자회담을 철회하고 '그러한 (3자)회담에 대한 당사자

---

12   Young C. Kim, 'North Korea in 1980: The Son Also Rises,' *Asian Survey*, January 1981, pp. 120-121.

(한미) 간의 충분한 검토가 있기 전에는 회의가 있을 것으로 예상하지 않는다'라고 천명하였다.[13]

레이건 행정부가 북한에 대하여 공고하고 확실한 정책을 갖고 있음에 따라 한국 정부는 미국 시민의 사적 북한 방문에 크게 신경을 쓰지 않는 것으로 보였다. 그러나 다른 한편으로 미국에서는 한국 정부가 레이건 행정부의 대북한 정책에 대하여 믿음을 가지고 있으므로 미국 시민의 북한 방문은 격려해 줄 수 있다는 입장이었다. 그러나 방북하는 미국 시민의 숫자가 늘어남에 따라 한국은 다시 불안감을 갖게 되었다.

레이건 행정부는 대놓고 미국과 중국의 관계가 확대됨에 따라 그것은 한국에 긍정적인 영향이 있는 것이라고 강조하였다. 레이건 행정부가 들어선 다음 그 전보다 더 활발하게 정책 관련 성명을 발표한 위컴 주한 미군 사령관은 공개적으로 "우리(미국)와 중국 간의 관계가 확대 발전하는 것은 당신들(한국)의 이익에도 잘 부합되는 것이다."라고 언급하였다.[14] 반면, 미국은 소련이 북한을 소련에 더 가깝게 유인하고 미국, 일본, 중국 간의 진전되는 우호 관계 발전을 방해하기 위해 북한의 침략적 정책과 군사력 증대 노력을 고무할 것에 대해 우려하기 시작하였다.[15] 레이건 행정부는 당시로서는 미국이 한반도에 강력한 군사력을 배치하고 있는 한 소련이 북한의 침략 정책을 지원하지는 못할 것

13   *Korea Herald*, January 30, 1981.

14   *Ibid.*, July 24, 1981.

15   *Ibid.*, July 24, 1981.

이라고 판단하고 있었다.

　실질적으로는 레이건의 대북한 정책은 카터 대통령의 정책과 그다지 배치되는 것은 아니었다. 차이가 있다면 그것은 스타일의 문제였다고 하겠다. 레이건 대통령은 카터 대통령이 그의 임기 말이 가까워오면서 추진하던 정책을 더 끊임없이, 또 더 강력하게 밀고 나가는 모습을 보였다. 한국은 레이건 행정부가 더 믿을 만하고, 북한 위협에 대한 한국의 견해와 그것에 어떻게 대응해야 할 것인지에 대한 한국의 방침을 더 잘 받아들여 준다고 느꼈다.

한미동맹의 현주소

    한미동맹은 어떻게 되어가고 있는가? 먼저 한미상호방위조약은 2020년으로 67년째가 되며 2차대전 후 국제질서의 산물이라는 것을 상기할 필요가 있다. 2차대전 이후 미국이 소련에 대한 봉쇄정책을 구사하면서 유럽, 아시아, 대양주의 여러 나라들과 동맹을 비롯한 군사적 네트워크를 형성하였다. 그 당시 미국은 NATO, 미일 방위조약, ANZUS(호주, 뉴질랜드, 미국의 3자 동맹) 등과 함께 한미 방위조약을 체결하였다. 그러한 동맹이 사실상 폐기된 것은 양자 동맹으로는 ANZUS 테두리 안의 뉴질랜드와의 동맹과 다자동맹으로는 SEATO(동남아조약기구), 두 가지 경우이다. 1985년 랑게(David Lange) 총리가 이끄는 뉴질랜드 정부가 미국의 전함 뷰캐넌(Buchanan)이 뉴질랜드에 입항하기 전에 핵무기를 적재하지 않았음을 확인할 것을 요구하자 미국은 이를 거절하고 뉴질랜드에 대한 동맹 의무를 철회하였다.

    그 이후 ANZUS는 사실상 미국과 호주만의 양자 동맹이 되고 만 것이다. 1985년에 미국의 핵 정책을 수용하느냐 하는 문제가 미국과 동맹을 유지할 것인가를 가늠하는 척도가 되었다면, 지금은 미군의 '전략적 유연성'이 미국으로서는 그와 비슷한 중요성을 갖는다고 하겠다. 동남아를 군사적으로 묶으려 했던 SEATO는 1954년 결성되어 23년 만인 1977년 해체되었다. 당시 멤버는 호주, 프랑스, 뉴질랜드, 파키스탄, 필리핀, 태국, 영국, 미국 등 8개국으로, 공산 세력에 대항하기 위하여 동남아에 집단 방위 체제를 만들었던 것이다. SEATO는 상비 군대는 갖지 않았고 다만 회원국들이 합동 군사훈련을 실시하였다. 파키스탄이 1968년에 탈퇴하고 프랑스가 1975년에 재정 지원을 중단하였다.

동맹이 결성되는 데는 당사국들의 이유와 목적이 있을 것이다. 그러나 그러한 이유는 반드시 대칭적(symmetrical)일 수도 없고 그럴 필요도 없다. 한국전쟁이 끝난 1953년에 한미동맹이 체결되었을 때 미국은 소련의 팽창을 막는 것이 주목적이었고, 한국은 북한의 재침을 방지하는 것이 가장 중요한 이유였다. 당시 미국은 한국의 이승만 대통령이 휴전협정을 수락하는 데 대한 보상으로서 한미동맹을 선사하는 모습을 보였다. 그러나 사실은 이미 유럽, 일본에 이어 한국과도 동맹을 맺기로 결정한 후였다(당시 유엔군 사령관이었던 Mark W. Clark 장군의 자서전 *From the Danube to the Yalu* 참조). 미국은 또 한국에 미군을 주둔시킴으로써 한국을 전초기지(forward base)로 삼아 아시아 대륙에 군사적 발판을 마련할 수 있었다. 미국은 NATO와 구별하여 '자동적 개입' 대신 한미상호방위조약에서는 '헌법적 절차'를 통한 개입을 규정하였다. 이는 원하지 않는 전쟁에 개입하지 않겠다는 미국의 의지를 반영한 것이다.

좀 더 구체적으로 한미동맹과 관련된 양국의 이해관계의 변화를 고찰해 본다면 다음과 같은 관찰을 할 수 있다. 1953년 당시 미국의 입장에서 한국과 동맹을 맺은 이유는 무엇인가? 소련의 팽창을 봉쇄한다는 것 이외에도 미국은 북한의 재침을 막고, 일본을 방어하고, 전쟁에서 수만의 인명과 수십억 달러의 비용을 들인 한국을 민주주의와 경제발전의 모범 사례로 만들고, 이승만 대통령의 한국으로 하여금 휴전협정을 수락하도록 설득하려는 목적이 있었다. 한국으로서는 북한의 재침을 막는 것 이외에도 미국의 지원을 받아 한국의 국방력을 건설, 강화하고, 미국의 경제 원조를 극대화한다는 목적도 있었다.

반세기 이상이 지난 오늘 동맹이 결성될 당시의 이유(rationale)는 많이 희석되었다고 보아야 할 것이다. 그렇다면 한미 양국이 동맹을 유지하려는 이유는 무엇인가? 미국으로서는 아시아에서 강대국 간의 균형과 견제라는 목표가 여전히 존재한다고 보아야 할 것이다. 북한의 위협도 이제는 재래식 군사력으로부터 대량살상무기와 미사일을 중심으로 하는 새로운 형태의 군사력으로 나타나고 있다. 일본을 방어하겠다는 목표는 오늘에도 변함이 없다고 보아야 할 것이다. 동시에 한국의 안보를 지키는 것은 미국의 경제적 이익에도 부합하는 것이 되었다. 이러한 경제적인 이해관계는 한국과 FTA를 체결한 후 더욱 중요한 요인이 될 것으로 생각된다.

한국으로서는 어떠한 이해관계가 있는가? 한국은 미국과 동맹을 맺음으로써 북한의 재침을 막을 뿐 아니라 국군을 육성하는 등 자체의 국방력을 구축하고, 미국과의 방위 협조를 통해 아시아에서의 입지를 강화하는 목표가 있었다. 동시에 미국의 동맹국이 됨으로써 미국으로부터 군사뿐 아니라 경제적인 원조와 지원도 확보할 수 있다고 믿었다.

오늘날 한미동맹에 따른 한국의 이해관계는 무엇인가? 남북한 간의 화해 분위기와 그에 따른 관계의 개선으로 북한의 위협에 대한 경각심은 많이 감소하였으나 아직도 100만 대군과 대량살상무기를 갖고 있고 절대 권력의 지배 아래 있는 북한 정권에 대하여 안심할 수 없는 것이 남한의 현실이다. 북한은 또한 막대한 재래식 군사력(병력, 화력) 이외에 대량살상무기와 미사일로 무장되어 있어 미국과의 동맹 없이는 북한에 대한 억지와 방어를 보장할 수 없는 상황이다. 북한은 수십 개의 핵무기 이외에도 화학무기, 생물학무기, 미사일(수백 개의 단·중·장거리 탄도탄 등) 및 12,500문 이상의 장거리포를 갖고 있다. 대륙간 탄도유도탄(ICBM)도 개발하여 실험도 하고 있다.

한국은 동맹을 통하여 정보, 전략, 무기 확보, 작전 면에서도 도움을 받을 수 있다고 믿고 있다. 한국은 또한 굳건한 동맹이 경제 활동과 성장을 유지할 수 있는 요건이 된다고 판단한다. 동시에 동맹이 없거나 약해지는 경우 막대한 추가 군사비를 지출해야 할 것으로 예상하고 있다. 한국의 입장에서는 또한 미국과의 동맹이 일본, 중국 등 주변국과의 관계에 있어서도 한국의 입지를 강화해 줄 것으로 기대하고 있다.

이렇듯, 미국의 입장에서 보나 한국의 입장에서 보나 한미동맹의 유지는 필요한 것으로 간주할 수밖에 없다. 그러나 동맹은 '존재 이유(raison d'être)'만으로 존재하고 유지될 수 있는 것은 아니다. 동맹은 존재의 이유가 충분하더라도 다른 이유로 인해 약화되거나 와해될 수 있다. 그 하나는 상호 국민 간 반감이 생기고 감정이 악화되는 경우이다. 다른 이유는 1985년 미국과 뉴질랜드의 경우처럼 정부가 오판하여 잘못된 정책을 추구하고 관리를 잘못하는 경우이다. 또 다른 이유로는 주변국의 간섭을 들 수 있다. 예를 들면 우크라이나는 NATO에 가담하고 싶더라도 러시아의 견제 때문에 의지를 관철하기 어려운 상황이다.

북핵 문제와 관련하여 한미 간에 의견이 일치하지 않을 가능성이 있는 이슈들이 있다. 그 하나는 북한 핵 문제와 관련하여 당근과 채찍을 어떻게 믹스해야 하는가의 문제이다. 부시 행정부 시절 미국은 채찍 없는 협상에서는 북한이 합의할 동기가 없을 것이라는 생각이었고, 진보파 정부의 한국은 채찍은 문제 해결에 도움이 되지 않을 것이라는 입장이었다. 주한 미군, 한미동맹 등과 관련하여 북한과 어떻게 협상할 것이냐의 문제에서 양국의 견해가 일치하지 않을 가능성도 존재한다. 둘째, 북한의 평화적 핵 사용에 관한 문제이다. 2005년 9월 19일 6자 회담에서 미국은 북한의 평화적 핵 사용을 인정하는 공동성명서에 합의했으나 실제로 미국은 북한에 경수로 건설 등 핵의 평화적 사용권을 부여하는 데 부정적 입장을 견지하고 있다. 이 문제와 관련 한국의 진보 정부는 미국과 견해를 달리할 수 있으며 앞으로도 이 문제와 관련하여 한미 간 의견의 차이가 있을 수 있다.

한미동맹이 처한 시련은 구소련의 붕괴에 따른 냉전의 종식 그리고 2000년 남북한 정상회담 이후의 화해 무드 조성에 따른 필연적인 결과이다. 한미동맹은 6·25전쟁이 끝난 1953년 이후 미국이 가졌던 어떠한 동맹보다도 강력하게 유지되었다. 그러나 그것은 한국으로서는 제3국이 아닌, 분단의 한 부분인 북한을 적대적 상대로 하는 것이었다는 점에서 특수하고 유일한 동맹 관계였다. 따라서 한미동맹은 6·25전쟁의 기억이 없는 세대가 정치 전면(前面)에 등장하고 남북한 관계가 호전되면 그 존재 이유가 흔들릴 수밖에 없게 되어 있었다.

그렇다고 해서 원래의 동맹 결성 이유가 반드시 존속되어야만 동맹이 유지되는 것은 아니다. 미국과 유럽을 묶고 있는 북대서양조약기구(NATO)는 소련의 위협이 그 존재 이유였으나 소련이 와해된 후 오히려 회원국의 수도 증가하고 동맹의 내용도 강화되고 있다. 유럽의 확대에 따른 안정에 필요하다고 판단되었기 때문이다. 한미 간의 경우에도 설혹 북한의 위협이 감소하더라도 지역의 안정과 균형을 위해, 또 주변국과의 관계에서 우리의 입지를 지탱하기 위해 동맹은 계속 필요하다고 생각할 수 있다.

이처럼 국제 환경의 변화가 있고 미국의 정책이나 입장에 허점이 있는 것은 사실이다. 그러나 한미동맹과 관련해 중요한 것은 우리가 그것을 유지하고 강화할 필요를 느끼고 있는가, 또 그러한 의지가 있는가 하는 점이다. 유럽과 일본, 호주 등은 동맹환경의 변화, 미국의 정책적 결함에도 불구하고 미국과의 동맹 관계를 유지할 뿐만 아니라 강화하는 데 주력하고 있다. 한국도 미국과의 안보 관계를 유지할 필요가 있고 중요하다고 판단한다면 동맹 관리에 신경을 쓰고 약화되는 것을 방지하는 노력을 경주해야 할 것이다.

현실은 모든 면에서 명쾌하고 만족스러운 선택만이 주어지는 것이 아니다. 주어진 여건 속에서 가장 현실적인 대안을 선택하고 현명한 대응책을 강구하는 것이 성숙된 외교의 필수조건이다.

전작권 이양은 기정사실인가

전작권, 즉 전시작전통제권 이양은 양국에서 기정사실로 인정하고 양국이 확인한 조건이 충족되는 시점을 목표로 계속 추진되고 있다. 그러나 찬반 논쟁이 수그러진 것은 아니다. 조기 이양(2012년, 또는 그 이전)을 주장하고 옹호하는 사람들은 다음과 같은 여러 가지 이유를 내놓는다. 1) 그것은 주권국가로서 당연하고 필요한 조치이다. 2) 미국도 조기 이양을 지지한다. 3) 전작권 이양은 한국의 방어나 억지 능력을 감소시키지 않을 것이다. 미국은 유사시에 전술, 전략, 수송, 병참, 병력 지원 등을 약속하고 있다. 4) 북한의 군사 능력과 위협은 과대평가되고 남한의 군사력은 과소평가되고 있다. 5) 전작권 이양 때문에 들어가는 비용은 한국이 감당할 수 있다. 6) 북한과 대등한 입장에서 대화하기 위해서는 전작권의 완전한 행사가 필요하다. 7) 과거 20년 이상 전작권 이양을 추구해 왔으므로 지금 추진하는 것은 새로운 일이 아니다.

이에 대해 조기 이양을 우려하는 사람들은 다음과 같은 주장을 내놓고 있다. 1) 독자적인 작전권을 행사하기에는 아직 시기상조이다. 2) 요구되는 막대한 비용에 비해 확실한 안보와 억지를 기할 수 없다. 3) 유사시에 미국이 군사적 지원을 할 가능성이 작아진다. 4) 더욱이 핵 문제와 미사일 문제가 해결되지 않은 시기에 북한에 옳지 않은 시그널을 보내는 것이다. 5) 북한뿐만 아니라 대일, 대중 관계에서도 한국의 입지가 약화된다 등이다.

미국은 애초에 한국의 전작권 이양 제의에 동의할 뿐만 아니라 시기를 3년이나 당겨 2009년까지 이양을 끝내자고 역제안하였다. 미국은 왜 전작권 이양을 환영하는가? 미국은 왜 전작권 이양에 적극적인가? 한국이 자주권 얘기를 하는 것을 미국은 '자존심 상하는 일'이라고 여기는 것 같다. 미국은 '한국이 싫다는데 마치 강요해서 자주권을 박탈하고 있었다는 얘기냐, 빨리 털어버리는 게 낫겠다…'라고 생각하는 것 같다. 그러나 미국으로서는 주한 미군이 한국에서 철수하면 동아시아 지역에서 (미군) 주둔 국가는 일본만 남게 된다. 이는 일본도 받아들이기 어려운 상황이었다. 그러나 일본은 한국이 기피한다면 한국의 역할을 인수해도 좋다는 입장을 보였다. 미군이 반드시 한국에 주둔해야 할 필요가 없어진다는 이점도 생각해 볼 수 있을 것이다. 전작권을 이양하면 미군이 움직이는 것도 더 자유로워진다.

미국의 입장에서 볼 때 과거 냉전 시기의 한미동맹은 대소련 봉쇄 및 일본 방어를 위한 전진기지로서 중요했으나 지금은 남한의 전략적 가치가 크게 줄었다고 볼 수 있다. 미국은 한미동맹의 조정 과정에서 발생할 수 있는 어떠한 공백도 메울 수 있는 '자발적 파트너'를 일본에서 찾았다고 하겠다. 아직도 일본은 미국과의 동맹, 미군의 일본 주둔에 크게 의존하고 있는 형편이다.

전작권 조기 반환을 통한 미국의 기대효과와 관련, ▲ 미국은 더욱 자유로운 '전략적 유연성'을 행사할 수 있고 ▲주한 미군의 추가 감축 기회를 가지며 ▲북한의 재래식 공격에 대한 미군의 '인계철선' 역할이 불필요해지고 ▲대한민국 방위를 위한 국방비 지출을 감축할 수 있고 ▲안보 공백을 메우는 과정에서 대한(對韓) 무기 판매를 늘리고 ▲남한 내 반미정서 촉발 요인을 제거할 수 있으며 ▲남한의 군사적 지지를 얻기 위한 협상에서 미국의 협상력을 강화할 수 있고 ▲중동 등 다른 안보 현안에 주력할 수 있는 여지를 갖게 될 것이다.

따라서 전작권 환수 문제가 한반도 안보에 미칠 영향과 관련 한미동맹이 약화되었다는 메시지를 북한에게 줄 게 확실한 것으로 보인다. 때가 되면 북한은 대량살상무기와 미사일의 우위를 바탕으로 남한에 도전하고 남한을 위협하는 데 더욱 자유롭게 될 것이라고 볼 수도 있다. 동시에 미국도 필요하다면 군사적 수단을 이용해 북한을 압박하는 데 더욱 자유로움을 느낄 것이다.

전작권의 조기 이양이 합의되었다고 해서 그것이 주한 미군의 철수를 앞당기는 것을 의미하지는 않을 것이다. 또 동맹이 와해되는 것도 아닐 것이다. 북한이 가까운 장래에 침공할 가능성도 별로 없다고 보아야 한다. 일본과 호주와의 동맹은 미국이 전작권을 인수하지 않고도 강력하게, 또 효율적으로 운영되고 있다. 그러나 한미 간 전작권 이양과 관련된 일련의 과정이 북한 핵 문제, 미사일 문제, 한반도와 관련된 안보 체제 구축 문제 등에 있어서 한미 간의 공조와 협력을 더 어렵게 만들 가능성이 크다. 그것은 또 양국이 독자적인 해결책을 추구할 가능성도 제기한다. 이것은 상호 상승작용을 일으켜 관계를 더 껄끄럽게 하고, 공조를 어렵게 만드는 결과를 가져올 수 있다.

여하간 전작권 이양은 이미 돌이킬 수 없는 현실이 되었다. 양국 정부가 그것을 기정사실로 만들고 있는 상황에서 그것의 문제점을 지적하고 철회하라든지 유보하라는 요구는 할 수 있으나 일을 돌이킬 수는 없게 되었다고 보아야 한다. 그러한 노력이 여론을 환기시키고 우리의 안보 상황과 미국과의 협조가 중요하다는 것을 강조하는 데는 소용이 되겠지만, 전작권 이양 자체를 막거나 연기하거나 복구하는 데는 소용이 없게 되었다. 다만 여건이 허용하는 시점이 가까워져 오면서 북한의 핵무기 개발과 보유, 배치 문제, 미사일 위협 등을 고려하면서 시기와 대응책을 검토해야 할 것이다. 또 조기 전작권 이양이 필연적인 것이라면 한국의 과제는 그것이 이양된 상황 속에서도 한미동맹을 공고히 지키고 또 미국이 계속 한국 안보에 결정적으로 기여하도록 만드는 것이라고 하겠다.

한미동맹의 존재 이유

　미국이 다른 나라들과 동맹 등을 통하여 안보협력을 하는 이유는 무엇인가? 역시 나라에 따라 이유가 다르겠지만, 크게는 전략적 이해관계와 전반적인 관계라고 하겠다. 미국은 중국을 견제하고, 일본을 방어하고, 북한의 핵무기와 미사일을 저지하고, 아시아 대륙에 발판을 갖기 위해서는 한국과의 동맹 관계를 유지하고 주한 미군을 유지할 필요가 있다고 판단할 것이다. 그러나 그 대가가 너무나 크다고 생각할 때, 또 한국이 그러한 안보 협조를 어렵게 만들 때, 미국은 그러한 필요성에도 불구하고 동맹과 주한 미군을 꼭 유지해야 한다고 생각하지 않을 수도 있다.

　또한 전략적 가치라는 것도 상대국이 어떻게 행동하건 달라지지 않고 계속되는 것도 아니다. 미국의 입장에서는 일본, 싱가포르, 호주 등과 같이 미국에 협조하고 우호적인 관계를 갖는 나라에게는 동맹의 여부에 상관없이 전략적 가치를 그만큼 크게 느낄 것이며, 이견과 시비가 많은 나라에 대해서는 객관적인 전략적 가치에도 불구하고 안보적 이해관계를 덜 느낄 수 있다. 전략적 가치란 지정학적으로 생기지만 자동으로 유지되는 것은 아닐 것이다. 일본, 호주, 싱가포르와 같이 미국과 긴밀히 대화하고 협조적인 관계를 갖는 나라에서 전략적 가치를 크게 느낄 것은 당연한 일이다.

이 나라들이 동맹여부와 상관없이 미국과 돈독한 관계를 맺고 미국의 안보 공약을 확보한 배경에는 전략적 이해관계 이외에도 몇 가지 중요한 요인들이 있다. 첫째, 미국과의 안보 관계의 필요성에 관한 정책적인 판단이 있었던 것이다. 안보환경과 미국의 능력 및 의도에 비추어 미국과의 안보 관계를 어느 정도까지 추구해 나갈 것이냐에 대한 정부 차원의 객관적 결정이 있었던 것이다. 둘째, 지정학적인 전략적 가치 이외에도 미국의 동맹국 내지 우방국으로서의 가치를 높이는 노력을 했던 것이다. 이것은 한두 번의 "미국과의 동맹이 중요하다"라는 립서비스와는 다른, 오랜 기간 공을 들인 결과라고 생각할 수 있다. 셋째, 서로 자존심을 존중하고 배려하는 노력이 들어갔다고 볼 수 있다. 한편으로는 동맹이 주권을 훼손하는 것 같은 모습을 보이면서 다른 한편으로는 동맹을 손상 없이 유지하기란 불가능하다고 하겠다. 넷째, 정부와 정부 사이뿐 아니라 민간의 각 분야에서 교분과 교류를 확대하고 이해와 협조를 증진할 필요가 있다. 다섯째, 경제적인 공동이익을 확대하고 추진해야 할 것이다. 이러한 의미에서 FTA는 한미 간의 안보 협력에도 중요한 긍정적 역할을 할 것으로 기대된다.

늘 최악의 경우를 염두에 두어야

    이제 북핵 문제와 한미동맹에 대한 한반도의 미래 청사진을 그려보기로 하자. 키신저가 지적했듯 북한은 유엔 안보리의 5대 강국과 한국 등 6자회담 당사국의 반대를 아랑곳하지 않고 핵무기와 미사일 개발로 세계 질서에 큰 교란을 초래하고 있다. 이에 대해 한국과 미국 정부는 어떠한 태도를 취해야 하는가, 또 북한의 정책과 전략에 어떠한 효과적인 전략과 방책으로 대응할 것인가를 심도 있게 협의해야 한다. 북한의 핵과 미사일에 대처하는 데는 전시작전통제권 이전 문제의 재검토를 포함한 동맹 관계의 강화가 중요한 자리를 차지할 것이다. 한반도 주변 강대국의 새판 짜기가 본격화되는 전환기적 시점에서 한반도의 장래까지 염두에 둔 긴 안목의 총체적인 전략적 대응이 필요한 시점이다.

    20여 년 전 1차 북핵 위기 때의 일이다. 외무 장관이 국회에 불려 나갔는데 어느 의원이 "북한은 우리에게 적대국인가 동지인가"라고 물었다. 장관은 "두 가지 측면이 다 있다"라고 대답하였다. 오늘날 같은 질문을 받더라도 아마도 장관의 대답은 마찬가지가 될 것이다. 남한은 북한을 한반도 평화와 번영을 위하여 함께 노력하는 동지로 만들려고 노력한다. 반면 북한은 남한과의 적대적 관계를 강조하는 경향이 있다. 남측은 이른바 '비핵화와 개방'이 북의 존속과 발전을 돕기 위한 상생 공영의 구상이라고 설명하는 데 반해 북은 대결을 위한 적대적 정책이라고 반발한다.

남과 북은 왜 이렇게 상반된 태도를 보이는가? 북한은 공산주의 국가임을 자처한다. 공산주의는 태생적으로 적대적 관계와 투쟁을 중요시한다. 계급투쟁과 프롤레타리아 혁명은 공산주의 이념의 근간이다. 국제적으로도 다른 나라를 적과 동지로 양분하는 경향이 있다. 북한은 내부 단합과 정권의 지속을 위해서도 적대적 관계를 필요로 한다. 따라서 북한은 남한을 적대시하면서도 그것이 남한 때문이라며 책임을 전가한다.

남한은 자유민주주의 체제를 지향한다. 자유주의 국가에서는 계급투쟁이 아닌 사회 전체의 이익을 중요시한다. 민주주의 국가에서는 모든 집단과 계층이 동등한 발언권과 권익을 주장할 권리를 갖는다. 대외 관계에 있어서도 동지가 아니면 적이라는 양분법보다는 다른 나라와의 상호 의존성과 공동이익을 중요시한다.

남북한의 정책적 우선순위가 일치하는 것은 아니다. 북한의 가장 중요한 목표는 체제와 정권의 유지이다. 북한은 또한 개방을 최소한으로 허용하면서도 경제 회생을 이끌어내야 한다. 남한으로서는 한반도의 평화를 유지하는 일이 정책의 최우선 과제이다. 북한의 비핵화도 중요한 정책 목표가 아닐 수 없다. 인도주의적인 측면에서 남북한 간의 이산가족 상봉과 재결합, 북한 주민의 생활 향상, 사회적 교류와 협력의 확대도 높은 정책적 우선순위를 점한다.

그러나 남한과 북한은 몇 가지 중요한 공동의 이해관계를 갖고 있다. 하나는 한반도에서 평화를 유지하는 일이다. 전쟁이 일어날 경우, 부유한 남한이 빈곤한 북한보다 더 큰 손해를 볼 것이라고 생각할 수 있다. 그러나 무력 충돌의 경우 북한이 남한에 피해를 줄 수는 있으나 이길 수는 없다. 북한의 손실은 막대할 것이다. 또 하나의 공동이익은 북한 주민의 생활 향상이다. 북한의 만성적 식량 결핍, 에너지 부족, 기간시설 확충의 문제를 해결해 줄 수 있는 경제 복구는 남한의 협조 없이는 불가능한 일이다.

남한의 경제가 잘되어야 북한을 지원하고 협조해 줄 수 있다. 핵 문제가 해소되어 남한과 북한이 경협 파트너가 될 때 양측에 커다란 경제적 혜택이 올 것이다. 또한 남과 북이 '상생 공영'할 때 주변 강국의 인정을 받게 될 뿐만 아니라 그들이 남북한 불화의 틈새에서 어부지리를 취할 가능성도 없어진다.

궁극적으로 한반도 통일도 남북의 공동 목표가 될 수 있다. 양측은 모두 통일을 염원하지만, 내용과 방법에서는 사실상 동상이몽이라고 할 만큼 상반된 생각을 갖고 있다. 각자의 체제나 권력을 상대방과 공유할 수도 없고, 따라서 그럴 의도도 갖지 못한다. 남측이 베트남식 통일을 경계하고, 북측이 독일식 통일을 경계하는 것은 이해할 수 있는 일이다. 윈윈 게임을 위해서는 무엇보다도 경기에서 공동이익을 얻을 수 있다는 인식이 필요하다. 그에 못지않게 중요한 것은 그러한 게임을 해보겠다는 용기와 의지라고 하겠다.

남북한은 윈윈 게임을 추구해야 한다. 그러나 현실은 그렇지 못하다. 북한은 핵무기 보유에 집착하고 있다. 심지어 때로는 남한의 민항기까지 위협하는 지경에 이르렀다. 문제는 이러한 북한에 어떻게 윈윈 게임의 필요성과 당위성을 납득시키느냐는 점이다. 당분간은 정부와 민간이 힘을 합쳐 성의를 갖고 북한을 설득하는 방법밖에 없을 것이다. 우리가 북한과 윈윈 게임을 하겠다는 의지를 북한뿐 아니라 국제적으로도 명백하게 하는 것이 북한을 설득하는 데도 도움이 될 것이다.

이를 위해서 앞으로 한국은 한미동맹에 대한 몇 가지 분명한 인식을 갖고 미국과 공조해 나가야 한다. 첫째, 전작권 이양과 한미동맹의 이완은 돌이킬 수 없는 현실이라는 점을 인식해야 할 것이다. 둘째, 이 문제에 있어 시간을 벌고 보완책을 강구해야 한다. 특히 전작권 이양의 시기는 필히 북한의 핵 문제 해결(비핵화)과 연계될 필요가 있다. 셋째, 군사적인 측면에서뿐만 아니라 비군사적인 면에서도 동맹을 보완해야 한다. 지적·인적 교류, 학문적·문화적 교류 협력, 경제 관계 확대 등이 그 예가 될 것이다. 넷째, 기술적·전술적 안보뿐 아니라 전략적이고 대국(大局)적인(외교 포함) 안보를 추구해야 한다. 끝으로, 비공식·비정부 차원의 노력과 한·미 간 교류 협력, 공조를 추진해야 한다.

특히 전작권 이양 보완책과 관련해서는 전환된 후에도 북한의 핵과 미사일 등 대량살상무기를 제거하는 작전과 공군 연합작전, 해병대의 강습 작전 등은 미군이 주도하는 방안을 강구해야 할 것이다. 전작권 이양 이후 핵 억지력의 공백 등에 대한 북한의 잘못된 기대와 국민의 우려를 불식할 필요가 있기 때문이다.

이러한 노력은 지속적이고 긴밀한 한미 간의 협의와 합의를 필요로 하는 사항들이다. 그러나 충분하고 확실한 보완과 준비가 없는 전작권 전환은 한국의 안보와 미국의 동북아 정책에 커다란 차질을 가져올 수도 있다. 그러나 인내심을 발휘하여 시간을 두고 환경을 변화시키면서 한미동맹을 통한 한국의 안보 여건을 개선시키기 위한 노력을 체계적으로 경주한다면 좋은 결과를 기대할 수도 있을 것이다. 그것을 위해 우리는 계속 생각하고 논의하고 행동해야 할 것이다.

앞으로 남북관계와 한반도의 안보 환경은 많은 굴곡이 예상된다. 정책 책임자들은 다음의 세 가지를 명심해야 할 것이다. 첫째는 한반도에서 평화를 유지하는 것은 절체절명의 명제이다. 그것은 누가 이기든, 누가 패하든 많은 사상자와 파괴와 비극을 가져올 것이다. 두 번째는 낙관론에 빠져서는 안 될 것이다. 안보와 위협에 대하여 안일한 생각을 갖는 것은 위험하다. 늘 '최악의 경우(worst case scenario)'를 염두에 두고 대비책을 마련해야 할 것이다. 끝으로 평화와 통일에 대한 희망을 버리지 말고 장기적인 안목에서 합심하여 인내하고 노력해야 할 것이다. 이러한 노력에는 한미동맹을 유지하고 강화하는 것도 중요한 요소가 될 것이다.

4

북핵은 해소될 것인가

북핵 문제와 강대국 외교

북한은 무엇을 노리는가

　　1992년에 북한의 NPT(핵 비확산 조약) 탈퇴 선언으로 야기된 북핵 문제가 1994년 제네바 합의로 일단락되었다. 그러나 8년 후인 2002년 북한의 농축 우라늄 비밀 프로그램 의혹으로 다시 한반도 평화와 남북한 관계의 최대 장애 사항으로 대두되었다. 북한은 1994년 동결했던 핵 활동을 2002년 재개하고 2005년에는 핵무기 보유를 선언하였다. 2006년에는 1차 핵실험을 감행하고 2007년 2월부터 2009년 봄까지 핵 활동을 동결했으나 2009년 5월에는 2차 핵실험을 강행하였다. 이렇듯 2002~2009년까지 문제는 악화와 호전을 왕래하다가 2009년 말에 이르기까지도 해결의 기미를 보이지 않고 있었다.

　　2009년 초반, 이어진 북한의 강경 행보의 배경이 무엇이냐를 두고 여러 가지 분석이 나왔다. 크게 보면 후계체제 구축과 김정일 국방위원장의 건강 이상 등 북한 내부상황 때문이라는 평가와 새로 들어선 오바마 행정부를 압박하기 위한 것이라는 분석이 엇갈리는 형국이었다. 미국 쪽에서도 당시의 상황이 북한의 권력 승계 문제와 관련이 있다는 이야기가 공식적으로도, 또 전문가들 사이에서도 나오고 있었다. 승계에 힘을 실어주는 한편 미국에게 북한의 존재를 알리고자 하는 의도가 있다는 것이었다. 분명 그러한 측면이 있는 것은 사실이나, 중요한 점은 북한이 이미 핵과 미사일 기술 자체를 무기로 완성시키기로 결정했다는 것이었다. 무엇을 위한 수단으로 핵실험을 강행했다기보다는, 이미 핵 확보를 위한 고유의 스케줄 설정을 끝낸 것으로 보인다는 점이었다.

2009년 전반기의 행보는 그 스케줄을 하나하나 밟아나가는 작업이었다고 보아야 할 것이다. 북한은 2007년 2월 이른바 2·13 합의 이후 2년 동안 핵 시설을 동결하고 불능화 논의를 계속해 왔다. 휴식 혹은 후퇴라고 할 수 있는 국면이었다. 그러던 어느 단계에서 다시 핵 물질을 추가로 생산하고 핵 시설을 구축하기로 한 것으로 보인다. 핵과 미사일 프로그램을 함께 현실화하겠다는 결정이었다. 그것이 구체적으로 나타나기 시작한 것이 2008년 12월 검증 의정서 거부였고, 이후 장거리 로켓 발사와 2차 핵실험으로 이어졌다. 북한은 2008년 11월 미국 대선에서 버락 오바마가 당선된 사실에 대해 유화적인 입장을 표명한 후에도 오히려 핵 문제에 있어서 강경한 태도를 보였다.

로켓을 발사하면 유엔이 어떤 방식으로든 대응하리라는 것은 북한도 충분히 예견했다고 보아야 한다. 그것을 핑계 삼아 핵 활동을 재개하겠다는 복안이 있었다고 볼 수 있다. 2006년 1차 핵실험이 실패 혹은 부분적으로만 성공했기 때문에 이를 보완하기 위해 추가 핵실험이 필수적이라고 판단한 것이다. 북한 정도의 나라에서 핵실험을 하려면 최소 반년에서 1년가량의 준비가 필요하다. 오바마 행정부의 등장이나 김정일 위원장의 건강과 직접적인 관련이 있다고 보기 어려운 이유이다. 이미 자신들의 스케줄을 갖고 있고, 목표는 핵과 미사일 기술의 완성이라는 결론이 나오는 것이다.

일단 군사적인 측면에서 보자면 북한은 미국을 직접 타격하는 능력을 갖추려고 한다. 핵을 탄두화하고 미사일을 미국 본토로 날려 보낼 수 있게 됨으로써 미국에 대해 핵 억지력을 갖겠다는 것이다. 이와 더불어 핵무기 체계의 완성은 북한의 협상력을 크게 강화해 줄 것으로 북한은 기대한다. 우선 사실상의 핵보유국으로 인정받는 데도 도움이 되고, 협상을 하더라도 비핵화 협상이 아닌 핵 군축 협상을 하자고 요구할 수 있게 되는 것이다. 북한은 미국인 방문자들에게 '통 큰 협상(grand bargain)'의 용의가 있음을 시사했는데 이를 통해 미국과의 관계를 과거와는 질적으로 다른 수준으로 만들겠다는 뜻이 있는 것으로 보인다. 한국을 소외시키고 중국을 무마하면서 미국과 대등한 위치에서 양자협상을 하겠다는 의도로 보아야 할 것이다. 뭔가 극적인 돌파구가 열릴 듯한 기대를 줌으로써 빅딜(big deal)로 유인해 보겠다는 의도라고 볼 수 있을 것이다.

그러나 실제로 이런 협상이 이뤄진다고 해도, 리비아식으로 핵과 반대급부를 한 번에 완전히 맞바꾸는 방식으로 논의를 진행하려 하지는 않을 것이다. 갖고 있는 카드를 잘게 쪼개 사용하는 예의 '살라미 전술'을 구사해 가며 그때그때 보상을 받으면서 시간을 끌어 핵보유국의 지위를 기정사실화하는 방향으로 나갈 것으로 예상된다. 초반에는 가급적 사소한 조치만을 이행하고 큰일은 시한도 가능한 한 길게 잡아 뒤로 미루는 방식이 된다는 의미이다. 이를 위해서는 덩치를 키우는 게 중요하다고 북한은 판단하는 것으로 보인다. 이왕이면 핵무기도 강력하게, 미사일도 대륙간탄도탄 수준으로 만들 필요가 있다고 판단할 것이다.

이렇게 볼 때 6자회담이나 양자협상을 통해 핵무기나 미사일을 포기하라는 이성적인 설득이나 유인책을 사용하는 것은 효과가 없는 것으로 보인다. 설혹 큰 협상이 이뤄진다고 해도 이행된다는 보장이 없다. 2003년 이후 미국과 한국이 6자회담에 매달린 몇 년 동안 북한은 한미일 동맹국 간 그리고 동맹국 내부의 정책적 혼선 및 갈등을 이용하여 시간을 끌고 상대방이 무시할 수 없는 정도의 핵 무장을 이뤘다고 보아야 할 것이다. 이와 관련 북한은 플루토늄을 통한 핵 활동을 재개하면서 동시에 2009년 초까지 존재를 부인해 오던 농축 우라늄 프로그램의 착수를 선언하였다. 북한은 이 기회에 농축 우라늄 관계 문제에 '커밍아웃'하면서 본격적으로 핵무기 양산에 들어갈 계획이었던 것으로 보인다. 북한은 풍부한 천연 우라늄 매장량을 가지고 있으므로 농축 우라늄을 통한 핵무기 생산에 좋은 입지를 갖고 있다고 보아야 한다. 그때까지 숨겨온 부담을 털어버리고 유엔 안보리 제재에 대한 반발을 보여주고 핵무기 생산에도 더 박차를 가하겠다는 의도라고 볼 수 있다.

지역 정치 속의 북핵 문제와 우리의 한계

북한이 핵무기를 개발하고 보유하고 배치하는 것은 어떠한 문제가 있는가? 첫째, 한반도에서의 군사적 균형을 깨뜨리고 북한을 더욱 오만하고 공격적으로 나오게 할 가능성이 있다. 둘째, 북한을 비핵화시키는 과정에서 한반도에서 무력 충돌이 야기될 수 있다. 셋째, 동북아시아, 더 나아가 세계의 핵확산과 군사력 경쟁을 유발할 우려가 있다. 넷째, 북한을 비핵화하도록 유도하는 과정에서 북한에게 전략적 양보와 보상을 제공할 가능성이 있다. 다섯째, 북한의 핵무기와 핵 물질과 관련된 사고의 가능성이 있다. 이러한 위험을 안고 있는 북한의 핵무기는 폐기되어야 할 것이며 한미동맹을 포함한 동북아시아의 안보 체제는 북한의 비핵화를 실현하는 데 중점을 두어야 할 것이다.

북핵 문제를 지역 정치적인 측면에서 볼 때, 한국의 역할에 많은 한계가 있음을 알 수 있다. 2000년대 후반 미국이 금융 위기를 겪고 중국이 경제 면에서 미국을 추격하면서 아시아에서의 강대국 관계가 재편되는 모습을 보이고 있다. 2000년대에는 미국, 중국, 일본의 3대국 '트로이카' 시대가 오는 듯하더니 그 중반부터 미국과 중국의 G2 시대를 예고하는 사람이 늘고 있다. '트로이카', 즉 미·중·일 3자의 리더십 체제 구상은 G2 가능성을 견제하려는 일본의 대응이다. 중국은 처음에는 이러한 일본의 구상에 회의적이었으나 미일 동맹에 한 발 들여놓기 위해서는 3자 협의 체제 구상이 유용할 수도 있다고 판단한 것으로 보인다. 미국으로서도 이러한 구상은 일본과 중국을 동시에 한 천막 속으로 불러들여 저울질할 수 있는, 손해 보지 않는 세력 구도라고 생각했을 것이다. 다만 한국으로서는 트로이카 구도가 현실화될 때 한반도 문제를 포함한 동북아의 여러 가지 주요 문제가 3자에 의해 재단 (裁斷)될 수 있어 부담스러운 점이 많다.

그러나 오바마 정부의 주요 정책 입안자들이 3자 구상을 찬성하였음에도 그것이 생각처럼 순탄하게 추진되기는 어려웠다. 중국과 일본 간 인식의 갭이 너무나 컸기 때문이다. 중국은 일본을 불신할 뿐만 아니라 일본과 동북아 지역에서 지도적 위치를 공유하지 않으려는 경향이 있다. 일본도 하토야마 유키오 총리의 민주당 내각이 탄생하고 나서부터 3자 구도에 대한 결론을 내기까지는 상당한 시간이 걸렸다.

3자 구도의 대안은 미국과 중국이 공동 리더십을 행사한다는 G2 구상이다. 그 요체는 미국이 강대해진 중국의 국력과 이해관계를 인정하고 중국은 강대국으로서의 책임과 기존의 질서를 수락함으로써 양국의 리더십 구도를 형성한다는 것이다. 미국으로서는 중국을 포용할 것이냐, 봉쇄할 것이냐의 논쟁에서 일단 포용론이 승리한다는 것을 의미한다.

일본은 당연히 G2 구상을 경계하고 거부한다. 그러나 정작 G2 구상의 장애는 중국에 있다. 중국은 G2 논의가 반갑지 않다는 입장이다. 2000년대 필자가 만난 중국의 고위 당국자는 소위 G2 구상은 과거 중국 봉쇄론을 이름만 바꾼 중국 견제용 슬로건이라고까지 혹평했다. 즉, G2 논의는 이른바 도광양회(韜光養晦: 빛을 감추고 어둠 속에서 힘을 기른다)를 기본 정책으로 삼는 중국으로서는 서방(특히 미국)의 경계심을 유발하는 바람직하지 않은 발상이라는 것이다.

북한은 미국과 중국이 이러한 협조와 견제를 하는 동안 핵을 유지하면서 경제적 혜택을 얻어보려는 게임을 시도하고 있다. 미국에 양자협상을 요구하면서 중국에는 다자(6자) 회담의 가능성도 제시하고 있다. 북한의 2차 핵실험 이후 미국과 중국은 또다시 북한과의 '협상-보상-원점 회귀'의 사이클을 되풀이하지 않도록 공조를 다짐하고 있으나 생각만큼 쉽지 않을 것으로 전망된다.

오바마 행정부는 '핵의 동결, 궁극적 폐기 약속 등 이미 값을 치른 말(same horse)을 다시 사지 않겠다', '(핵실험과 같은) 나쁜 행위에 대해 보상하지 않겠다'라고 호언하고 있다. 그 대신 비핵화를 전제로 '큰 거래(grand bargain)' 또는 '포괄적 패키지(comprehensive package)'를 검토했다. 과거 조지 W 부시 행정부도 한동안(2007년까지) 이런 자세를 견지했다. 그러나 결국 부시 행정부도 '새로운 말(馬)이면 살 수 있다' '좋은 행동은 보상해 줄 수 있다'라는 명분으로 근본적인 해결은 뒤로 미루는 합의를 이끌어냈다. 북한은 설혹 큰 거래에 합의하더라도 그것을 '행동 대 행동, 말 대 말'이라는 합의로 잘게 썰어 시간을 끌고, 중요한 조치는 뒤로 미루는 책략으로 실질적인 비핵화를 피해 왔다. 오바마 정부는 북한의 노련한 수법에 효과적으로 대응하지 못한 것으로 보인다.

중국은 북한의 핵을 우려하지 않을 수 없는 입장이다. 북한의 핵무기와 미사일은 중국에 직접적 위협이 될 뿐만 아니라 동북아 지역 핵확산의 불씨가 될 수도 있다. 그러나 표면적으로는 느긋한 태도를 보이고 있다. 평화 유지, 6자회담, 비핵화의 3원칙을 강조하며 때로는 6자회담을 재개하는 것이 북한 비핵화에 우선하는 인상을 줄 때도 있다.

북한의 전략적 대응에
전략적으로 대응해야

이러한 상황에서 한국은 북한의 게임 플랜과 강대국 관계 변화를 직시하면서 북핵 문제 해결의 주도적 역할을 행사할 필요가 있다. 6자회담이 북핵 해결의 방편이 될 수는 있으나 해결 자체를 의미하지는 않는다. 북한을 대화의 장으로 불러들이더라도 북한의 비핵화가 진전 없이 상황관리에 치우치지 않도록 전략적 목표와 분명한 로드맵을 제시하면서 북한의 책략에 효과적으로 대응해야 할 것이다. 미·중 간의 전략적 제휴가 본격화되는 시점에 향후 한반도와 주변 질서 변화를 내다보는 우리의 혜안과 미·중과의 긴밀한 공조 역량이 어느 때보다도 필요한 시점이라고 보아야 할 것이다.

역설적으로 들릴지 모르지만, 우리에 비하면 북한은 오히려 상당히 전략적으로 행동한다고 봐야 한다. 북한 외무성은 로켓 발사와 관련한 국제사회의 대북 제재 움직임에 대해 '유엔 안전보장이사회가 사죄하지 않으면 자위(自衛)적 조치로 핵실험과 대륙간탄도미사일(ICBM) 발사시험을 할 것'이라고 위협하기도 했다. 전문가들은 이것이 미국에 대한 직접 대화의 요구이고 북한이 내부 문제로 다급해진 결과라고 해석하는 경향이 있다. 그러나 이는 더 큰 전략적 의미가 있는 행동이 아닌가 생각된다. 북한의 장기적인 정책 목표는 핵과 장거리 미사일 보유국임을 기정사실화하고 이를 어떤 형식으로라도 인정받는 것이다.

중기적으로는 국내 정치, 대외정책, 무기 체계 등 세 가지 차원의 목표가 있는 것으로 추정된다. 국내 정치적으로 북한은 핵무기와 미사일 확보를 과시함으로써 김정일 체제의 강건함을 강조하려 한다. 외교적으로 북한은 미국의 관심을 끌어 협상에서 우위를 확보하려 한다. 무기 체계 면에서 북한은 새로운 실험을 감행함으로써 과거에 미진하거나 실패했던 실험을 보완하고 대량살상무기와 운반수단을 완성하려 한다. 요컨대 선군정치를 통해 강성대국을 만들어보겠다는 구상이다.

북한은 오늘에 이르기까지 많은 희생을 치르더라도 핵과 미사일 보유국이 되겠다는 목적을 갖고 이를 실현하기 위한 전략을 전개해 왔다. 북한은 '벼랑 끝 전술(brinkmanship)'도 구사하고 '통 큰 협상(grand bargain)'으로 유인도 해보고 흥정의 대상을 여러 조각으로 자르는 '살라미 전술'도 시도했다. 이제는 유엔 안전보장이사회에 북한을 제재한 일을 사죄하라고 요구할 정도의 자신감까지 갖게 되었다.

한국과 미국 등 정권이 주기적으로 바뀌는 민주국가에서는 북한과 같이 일관성 있게 목적의식을 갖고 전략과 정책을 추구하기가 어렵다. 한 가지 확실한 사실은 그들도 북한의 전략적 행동에 전략적으로 사고하고 대응해야 한다는 점이다. 북한의 행동을 '무모한 짓'으로 치부하여 그것이 자충수(自充手)가 되기만을 기다릴 수는 없다. 2002년 이후 7년간 한국과 미국 양국 정부는 북한이 핵 활동을 재개해도(2003년), 핵무기 보유를 선언해도(2005년), 핵무기를 실험해도(2006년) 선언적인 조치 이외의 대응을 자제했다. 사실 북한으로서는 그들의 무기 개발에 '금지선'도 없고 협상에 '시한'도 없다고 판단할 만했다. 지난번 북한이 한국의 PSI(Proliferation Security Initiative 대량살상무기 확산방지구상) 참여를 문제 삼기는 했지만, 로켓 발사 후 한국이 PSI 전면 참여를 선언했더라도 그것이 전략적 대응은 될 수 없었다.

진짜 토끼와 가짜 토끼를 구별해야

   2009년 10월 중국 원자바오 총리의 방북과 김정일 국방위원장과의 회담 결과를 접하면서 그레이하운드 경주의 인조 토끼가 연상되는 이유는 무엇일까? 김정일 위원장은 조건부로 6자회담에 나올 수 있다고 언급했고 이러한 발언의 진의가 무엇인지에 대해 많은 사람과 나라의 관심이 집중되었다. 즉, 김 위원장이 '조(북)-미 사이의 적대관계는 평화적인 관계로 전환되어야 한다. 조-미 회담 결과를 보고 다자회담을 진행하겠다. 다자회담에는 6자회담도 포함되어 있다'라고 언급했다는 것이다.

   북-중 수교 60주년을 기념하는 기간에 열린 정상회담에서 김정일 위원장은 여러 가지 이득을 챙겼다. 중국으로부터 경제적 지원을 약속받았고 미국과 양자협상의 가능성을 높였으며 김 위원장 자신의 입지와 위신을 고양시키는 효과를 거뒀다. 그러나 무엇보다도 중요한 것은 6자회담 복귀라는 지렛대를 활용하여 다른 나라의 관심을 북한의 비핵화, 핵무기 보유와 실험에 대한 제재로부터 6자회담으로 이전시켰다는 점이다.

그러나 6자회담이라는 협상 칩(chip)은 미국과 중국을 포함한 여타 참여국이 그 중요성을 강조하고 집착함으로써 거래 가치를 높여준 결과이다. 북한은 핵 활동 재개와 함께 6자회담에 복귀하지 않는다고 선언함으로써 6자회담 국가로 하여금 외교력을 북한의 6자회담 복귀에 집중하도록 만들었다. 이제 김 위원장이 6자회담을 언급함으로써 외교적 진전이 있는 듯이 생각하는 분위기가 되었다.

김정일 위원장은 6자회담의 값을 올리는 데 성공했을 뿐 아니라 그에 복귀하는 데도 조건을 붙였다. 양자 회담이 성과가 있었느냐 아니냐는 북한이 판단하는 것으로 되어버렸다. 어떠한 결과가 만족스러운 것이냐의 기준이 명확하지 않기 때문에 북한이 6자회담 복귀 전에 한없이 시간을 끌어도 미국과 중국 등 관련국이 지연 전술에 대응할 수단을 갖지 못하게 되었다. 또한 북-미 양자 회담의 결과가 만족스럽지 않을 때 북한이 미국에 결렬의 책임을 넘기는 구실을 갖게 되었다.

이렇듯 북한이 다른 6자회담 국가로 하여금 가짜 토끼(6자회담)를 쫓도록 하는 데 성공한 마당에 진짜 토끼(비핵화)를 내주는 선택을 할 가능성은 희박해졌다. 설혹 북한이 6자회담에 복귀하더라도 그것이 북핵 문제 해결, 즉 북한의 완전한 비핵화를 의미하지는 않는다. 북한이 회담에 돌아오고 합의에 이르더라도 북한은 이행 과정을 잘게 자르고 중요한 조치는 뒤로 미루는 것에 익숙해져 있기 때문이다. 이러한 위기-협상-합의-파기의 악순환적 과정을 차단하려는 것이 한국과 미국이 추구하는 '큰 거래'일 것이다. 문제는 그러한 거래에 북한이 합의할지,

또 합의를 하더라도 이행 과정에서 또 다른 악순환의 고리가 재현되지 않을지 하는 점이다. 2008년 이후 북한의 행태를 보면 핵무기 개발과 관련된 나름대로의 목표와 로드맵이 설정되어 있으며 핵무기 포기는 북한의 옵션에 들어 있지 않은 것으로 보인다.

중국은 북한의 '가짜 토끼' 게임을 모를 리 없는데 왜 더 단호하게 나가지 않을까? 분명 북한이 핵무기를 개발하고 보유하는 현실을 용납하기 때문은 아닐 것이다. 중국의 입장에서는 북한의 비핵화도 원하지만, 북한 정권의 존속과 한반도에서의 평화와 안정 유지도 마찬가지로 중요한 정책 목표가 될 것이다. 더욱이 지금 단계에서 북한을 몰아붙이는 등 강압적인 정책적 대안은 부적절하다고 판단하고 있을 것이다. 따라서 중국으로서는 북한에 대한 영향력을 최대한 유지하면서 북한의 핵무기 개발을 가능한 한 억제하고, 북한의 내부 사정을 포함한 장기적 상황 변화를 주시할 것으로 보인다.

이렇듯 북한은 중국에 대해서뿐만 아니라 미국 일본 한국에 대해서도 개별 격파식 방법으로 때로는 회유로, 때로는 강경으로, 때로는 위협과 절연 정책으로 진열의 혼란과 분열의 조장을 기도한다. 이 시점에 한국과 미국 등 6자회담의 나머지 다섯 회담국이 할 수 있는 일은 북한의 비핵화라는 기본 목표에 충실하고 북핵 문제에 있어서 공동 전략을 구상하며 이행에 있어서 긴밀히 공조하는 것이다. 한국은 주변국에 '큰 거래'의 필요성을 납득시키는 과정에서 진짜 토끼와 가짜 토끼를 구별하는 혜안을 보여주어야 한다.

북핵 문제와 한미동맹

 북핵 문제가 해결되기는커녕 점차 미궁에 빠지고 있는 상황에서, 이 사안은 전시작전통제권(전작권) 이양과 관련하여 한미동맹에도 심각한 영향을 주고 있다. 이와 관련하여 대두되고 있는 문제는 북핵 문제가 해결되지 않고 사실상 악화되고 있는 상황에서 전시작전통제권이 예정대로 이전되어야 하느냐 하는 것이다. 2006년 9월 14일 한미 정상회담에서는 한국의 전시 작전통제권 단독행사 원칙에 합의한 바 있으나 이것은 국내에서 엇갈린 평가를 받았다. 전작권 조기 이양을 지지하는 사람들은 부시 대통령의 '전향적인 태도'에 환영과 안도를 금치 못하고, 그것을 반대하던 사람들은 실망과 부정적인 평가를 표시하였다. 결과적으로 부시 대통령이 한미동맹에 비판적인 사람들의 편을 들어주고 한미동맹을 귀중하게 여기는 사람들을 실망시킨 일, 한미동맹을 약화시키는 사람들의 칭찬을 듣고, 유지 강화해야 한다는 사람들의 입장을 곤혹스럽게 만든 사실은 참으로 역설적이라고 하지 않을 수 없었다. 어느 일간지는 9.14 정상회담을 '대북정책에선 제각각, 동맹 허무는 데는 한 목소리'라고 평하기까지 했다.

전시작전권의 단독행사를 조기 실현하겠다고 하는 데는 그 나름대로의 명분과 이유가 있겠으나 시기적으로 한반도와 주변의 안보 상황이 상당히 유동적일 때 추진되는 것이기 때문에 한반도 안보와 관련하여 많은 불확실성과 불안정성을 내포하는 것이 사실이다. 북한의 핵문제와 미사일 문제는 해결의 길로 가기는커녕 더 어렵고 심각한 상황으로 들어가고 있다. 주변 강대국 간의 관계도 심상치 않게 움직이고 있다. 일본은 미국과의 안보협력과 동맹 관계를 강화하면서 평화헌법 개정, 군비확장 등을 통한 '보통국가'의 길을 추진하고 있다. 중국은 '평화적 발전(和平發展)'을 표방하면서도 '동북공정(東北工程)' 등을 통한 주변국(특히 한반도)에의 영향력 확대를 꾀하고 있다. 러시아는 '오일 파워'를 기반으로 소련 붕괴 후 잃었던 강대국 지위를 부활시키려 노력하고 있다. 동시에 일본, 중국, 미국, 러시아, 인도 등은 한편으로는 군비경쟁으로 경합하면서 다른 한편으로는 합종연횡의 열강 정치를 구사하면서 주변 약소국과 중진국들의 불안감과 긴장감을 자아내고 있다. 이런 때일수록 기존의 동맹 관계를 강화하지는 못해도 최소한 기존 상태를 유지할 필요가 있는데, 자칫 약화될지도 모르는 모습을 보이는 것은 국민에게 불안감을 주기에 충분하다고 하겠다.

다자회담의 공과(功過)

　북한 핵 문제 해결을 위한 한반도 관련국 6자회담은 많은 사람들과 국가들의 기대 속에 2002년 시작되어 6년 후인 2008년 그 임무를 수행하지 못하고 사실상 유실되었다. 이 공간에서는 동북아시아의 최초의 공식적 소다자 기구(minimalist multilateral oraganization)인 6자회담의 공(功)과 실(失)을 검토해 봄으로써 북핵 문제의 협상에 의한 타결 가능성을 가늠해 볼 수 있을 것이다.

　남·북한과 미국, 중국, 일본, 러시아 6개국은 9월 19일 북한의 핵 문제 해결을 위한 6개 항의 공동성명에 합의했다. 이는 곧 '북핵 회담 타결'이라는 낙관적 기대를 불러일으켰고 '6자회담의 성공'이라는 자축 분위기마저 가져왔다. 2002년 10월 북한의 비밀 농축 우라늄 사업에 관한 의혹이 제기되어 이른바 '제2의 북핵 위기'가 야기된 이후 거의 3년 만에 모처럼 문제 해결의 기반이 만들어졌다는 점에서 9.19 합의는 과연 커다란 진전이며 환영해야 할 일임에 틀림없다. 다만, 그것으로써 이제 6자회담은 그 목적을 달성했고 북핵 문제가 타결되었다고 단정하는 것은 성급하고 과잉된 기대라고 하겠다. 9.19 합의는 기본적으로 한반도의 비핵화에 관한 원칙적인 입장에 관한 것이며 앞으로 비핵화를 어떻게 실현하느냐의 어렵고도 긴, 끌고 당기기의 과정이 남아 있기 때문이다.

북핵 문제의 원천적이고 완전한 해결 가능성을 가늠하기 위해서는 북한이 왜 2004년 6월 제3차 6자회담 이후 14개월 만에 제4차 6자회담에 복귀했으며 나아가 9.19 북경 합의에 동의했느냐라는 질문을 제기해 보아야 한다. 또한 그동안 제4차 6자회담에서 북한이 어떠한 행태를 보였는가를 분석해 봄으로써 앞으로의 진전이 어떻게 될 것인가도 어느 정도는 예측해 볼 수 있을 것이다.

북한은 왜 9.19 6자 공동성명서에 동의한 것일까? 우선 북한이 핵 문제를 해결하여 북한에 대한 국제적 경제지원의 장애물을 제거하겠다는 '전략적 결단'을 내린 결과일 가능성을 배제할 수 없다. 회담에 복귀하여 자신들이 어떠한 흥정을 할 수 있는가를 알아내고 그로부터 얻을 수 있는 이득에 따라서는 합의를 해줄 수도 있다는 입장을 정했을 수도 있다. 사실 9.19 공동성명서는 북한에게 불리할 것이 없었다. 6자 합의에서 북한은 평화적 핵 이용권과 경수로 사업 재개의 가능성을 인정받음으로써 위신을 세웠을 뿐 아니라 핵 프로그램과 관련해 어느 정도의 옵션을 보장받았다고 생각할 수 있다. 최소한 앞으로 그렇게 주장할 것임에는 틀림없다. 그 외에도 북한으로서는 9.19 합의로써 다음과 같은 효과를 기대할 수 있었다.

- 남한 및 다른 나라들로 하여금 북핵 문제의 해결이라는 기대감을 갖게 하여 북한에 비료, 식량뿐 아니라 더 큰 규모의 지원을 제공하는 것을 용이하게 만든다.
- 6자회담에 복귀할 것을 역설해 온 중국의 체면을 살려줄 수 있다.
- 유엔 안전보장이사회 등을 통한 국제적 제재와 압력을 회피할 수 있다.
- 미국과 남한 내의 강경 여론을 무마시키고 북한에 대해 우호적인 분위기를 조성한다.
- 6자회담에서 의제(agenda) 및 다른 쟁점 이슈들에 관한 논란이 진행되는 동안 북한은 핵 활동을 계속하고 '무기고(arsenal)'를 증대시킬 수 있다.
- 6자회담이 결렬될 경우 책임을 미국에 전가할 수 있다.
- 핵 활동을 동결하더라도 최소한 현재 수준의 핵 물질과 무기를 보유할 수 있다.

제4차 6자회담에서 특기할 만한 사항이 최소한 두 가지가 있었다. 첫째, 북·미 간의 양자회담이 자주 또 진지하게 열렸다는 점이다. 또한 회담 자체도 상호비방 없이 진행되었다. 양자 회담에서 본격적인 협상까지는 가지 못했지만 많은 문제들을 구체적으로 논의했다는 사실도 희망적이고 고무적이라고 할 수 있다. 이는 미국의 태도가 전(부시 행정부 1기)에 비해 상당히 바뀐 것을 의미한다. 둘째, 북한의 요구 사항과 조건이 많아지고 강해졌다는 점이다.

북한은 예상했던 대로 비밀 우라늄 농축(covert uranium enrich-ment) 프로그램을 극력 부인하는 한편 여러 가지 추가적인 조건을 제시해 왔는데 그중 다음의 세 가지가 특히 중요성을 갖는다. 그 하나는, 핵을 평화적으로 이용할 수 있는 권리를 인정해 달라는 것이었다. 이와 관련 북한은 중단된 경수로 사업을 재개할 것을 요구하고 있다. 두 번째로, 1953년의 정전협정을 대체할 수 있는 평화 체제를 구축하자는 것이다. 이와 관련 북한은 오랫동안 미국과 북한 간의 '평화 협정' 체결을 역설해 왔다. 셋째, 6자회담을 북한의 핵 폐기만을 목적으로 하는 단일 의제의 협상이 아닌, 핵무기 보유국 간의 상호 통제와 감축을 위한 '군축회의'로 만들자는 것이었다.

북한이 '평화적 핵 이용권'을 주장하는 이유로는 여러 가지를 생각해 볼 수 있다. 우선, 액면 그대로 향후 평화적 핵발전을 위한 문을 열어 놓겠다는 것일 수 있다. 이를 위해서는 경수로 등 핵 발전소의 건설, 보유, 가동을 허용해야 한다는 것이다. 둘째, 평화적 핵 이용권 주장은 6자회담의 구성국 간 의견 차이를 유발할 수 있다는 점이다. 사실상 미국은 북한이 모든 핵 프로그램을 포기하고 핵확산 금지 조약(NPT), 국제원자력기구(IAEA) 등 비확산 체제에 복귀하기까지는 이 문제에 관한 논의가 불가하다는 입장을 고수하는 한편, 중국이나 한국 등은 북한의 입장에 동조하는 모습을 보이고 있다. 셋째, 미국이 끝까지 북한의 핵 폐기 전 경수로 건설을 포함하는 핵의 평화적 이용권을 거부하여 6자 합의가 이행되지 않을 경우 북한은 그 책임을 미국에 전가할 수 있을 것이다. 넷째, 무엇보다도 중요한 이점(利點)은 북한이 핵무기 개발을 재개할 수 있는 '핵 옵션(nuclear option)'을 계속 유지할 수 있다는 점이다. 실제로 북한은 평화적 목적이라고 주장했던 5메가와트 원자로를 이용하여 플루토늄(plutonium)을 추출하고 그것으로 핵무기를 제조한 전력이 있으며, 그러한 사실은 북한 정부가 핵무기 보유 선언(2005년 2월 10일)을 한 것으로 확인되었다. 또 미국으로서 이러한 '핵 옵션'을 북한에게 주지 않겠다는 것이 바로 북한의 평화적 핵 이용권을 처음부터 인정할 수 없다는 이유인 것이다.

여기서 한 가지 제기되는 의문은 북한은 왜 미국이 가장 들어주기 어렵고, 핵무기화가 어려운 경수로 건설을 주장하고 있는가 하는 점이다. 여러 가지 설명이 가능하다. 북한은 1980년대 이후 일관성 있게 경수로를 원해 왔으며 이의 실현을 커다란 '정치적 승리(political trophy)'일 뿐 아니라 핵 기술 발전의 지름길이라고 믿고 있을 가능성이 크다. 또한 경수로 사업은 '평화적 핵 이용권'의 물적 담보로 간주되고 있다. 동시에 북한은 경수로 사업이 한미 간 이견을 야기할 수 있는 문제이며 한미동맹의 아킬레스건이 되고 있다는 점도 간파하고 있다. '평화적 핵 이용권' 문제만 가지고도 한미 간의 의견 차이를 유발해 내는 데 성공한 북한은 이제 경수로 건설 문제로 한미 간의 갈등을 조장할 수 있다는 자신을 가지고 있을 것이다.

평화 체제 구축 문제와 관련하여 북한은 과거부터 정전협정을 대체하기 위해 한국을 배제한 북·미 간 '평화 협정' 체결을 주장해 왔으며 그것은 한미동맹을 와해시키고 미군의 한국 주둔 명분을 약화시키는 전략의 코드명(code word)으로 기능해 왔다. 북한이 이러한 조건의 실현 여부를 떠나 그것을 주장하는 것은 그것이 북한에게 유리한 결과를 가져오리라고 판단했기 때문이다. 만약 미국과의 평화 협정이 실현되면 그것은 한미동맹 그리고 주한 미군의 명분을 약화시키는 데 큰 기여를 할 것으로 기대한 것이다. 설사 실현이 되지 않더라도 그것은 한·미 간 그리고 미국과 한국 안에서의 의견 분열과 대립으로 연결될 수 있을 것이며 한국과 미국 내에서는 이러한 주장에 일리가 있다는 의견도 많이 대두되고 있기 때문이다.

6자회담을 '군축 회담'으로 만들자는 주장은 이미 북한이 2005년 3월 31일 공식적으로 제기한 바 있다. 이러한 주장으로 북한은 여러 가지 효과를 노릴 수 있다. 먼저, 이는 북한이 핵무기 보유국임을 기정사실화하고 나아가서 그것을 사실상 인정받는 데 도움이 된다고 판단했을 것이다. 북한은 미국 등 관련국들이 인도와 파키스탄의 핵보유국 지위를 사실상 인정하였듯이 북한에게도 유사한 지위를 인정해 줄 것을 바라고 있다. 물론 그것은 실현 가능성이 크다고는 할 수 없지만 북한으로서 한번 시도해 볼 만한 일이라고 판단했을 것이다. 9.19 6자 합의에서 북한은 이 문제와 관련해서 한반도에 핵무기가 없으며 앞으로도 반입하지 않겠다는 약속을 미국과 한국으로부터 받아내는 것으로 일단락시킨 바 있다.

북한은 공동성명서에서 이상 세 가지 조건에 관해 타협적인 문구를 수용했으나 언제고 이에 대한 요구를 구체화하여 협상을 어렵게 만들 수 있을 것이다.

과연 북한은
핵무기를 포기할 것인가

앞서 언급한 요구 조건들을 북한이 제기하는 이유가 실제로 끝까지 자신들이 바라는 바를 고수하기 위한 것인지(real pay-offs), 아니면 협상에서 더 큰 대가를 얻어내기 위한 것인지(negotiating ploy), 시간 벌기 전술(delaying tactic)인지, 또는 협상 결렬의 책임을 전가하기 위한 것인지(blame-passing)는 현시점에서 확실하게 판단할 수 없다. 또한 이렇듯 합의하기 어렵고, 합의를 하더라도 이행하기 어려운 조건들을 제시한다고 해서 곧 6자회담에 대해 비관적인 전망을 할 필요는 없다. 다만 지금 단계에서 예상되는 것은 6자 간 원칙적인 합의에도 불구하고 앞으로의 협상이 쉽지도 짧게 끝나지도 않을 것이라는 점이다. 궁극적으로 문제가 해결되더라도 이에 소요되는 기간 동안 북한은 미국의 강력 대응을 피하면서 협상 참가를 구실로 중국과 한국으로부터 식량, 에너지 등 대가를 얻어내고, 최악의 경우에는 5메가와트 원자로의 가동을 계속하여 플루토늄을 생산하고 그것으로 핵무기를 제조할 뿐 아니라 50메가와트, 200메가와트 원자로 건설을 재개하고, 점차 핵무기 보유국의 위치를 굳혀갈 수 있을 것이다.

미국은 2004년 6월의 제3차 6자회담에서 이미 문제 해결을 위한 구체적인 협상안을 제시하였다. '나쁜 행동에 대하여 보상하지 말라 (Don't reward a bad behavior)', '같은 말을 두 번 사지 말라(Don't buy the same horse twice)' 등의 입장에서 탈피하여 '좋은 행동에 대하여 보상해 줄 수 있다(We can reward a good behavior)', '새로운 말은 다시 살 수 있다(We can buy a new horse)'는 입장으로 전환하였다. 이에 따라 핵 문제가 해결되면 한국이나 다른 나라들이 에너지 등 북한에 대하여 지원하는 것을 반대하지 않고, 체제 보장 문제에 있어서도 비교적 유연한 입장을 취하고 있다. 9.19 합의에서는 미국도 대북 에너지 제공에 참여하겠다는 약속을 하고 있다. 심지어 2차 북핵 위기의 발단이 되었던 고농축 우라늄(HEU) 문제는 언급도 안 하고 지나갔다. 평화적 핵 이용권 및 경수로 건설 문제에 있어서도 과거의 비타협적인 태도를 지양하고 상당한 융통성을 발휘하였다.

결과적으로 미국은 과거에는(클린턴 행정부 시기와 부시 행정부 1기를 포함하여) 상상할 수 없는 정도의 애매한 문구의 합의서를 수락하고 말았다. 중국과 한국의 설득 노력의 결과라고 볼 수 있다. 그러나 앞으로 논란의 불씨를 남겨두고, 북한에게는 시간을 주고, 관련국들에게는 북한에 대한 압력을 완화시키는 구실을 주는 공동성명서라는 이름의 합의를 해준 것이다. 미국은 이제는 강공으로 복귀할 수도 없고, 북한의 협력을 유도할 당근도 소진하였으며, 기대하기 어려운 북한의 선의와 성의에 의존할 수밖에 없는 난처한 입장에 서게 되었다.

과연 북한은 수지타산만 맞으면 핵무기를 포기할 것인가? 1993년
~1994년 제1차 핵 위기 때도 똑같은 의문이 있었다. 그 당시와 지금
(2003~현재)의 핵 위기를 비교해 볼 때 분명 차이점이 있는데 그것은
다음과 같이 정리할 수 있다.

첫째, 제1차 핵 위기 때는 한국의 대북 입장이 강경하였던 반면, 지
금은 그 반대로 미국이 강경한 입장을 취하고 있다. 특히 9.11 사건은
미국의 대북 태도를 더욱 강경하고 융통성이 없도록 만들었다. 최근까
지 미국은 북한과의 양자협상을 배제하고 북한에게는 리비아식의 일방
적인 핵 포기를 요구함으로써 협상의 진전을 보지 못했다. 이제 미국
이 태도를 바꾼 것같이 보이나 결과적으로 압력의 수단은 사실상 무용
화되고 말았다.

둘째, 남북관계에 변화가 있다. 당시 북한은 한국을 배제하여 미국
과 북한 간 양자구도로 협의하였으나, 한국은 장외에서 미국과 긴밀한
협의를 계속하고 있었기 때문에 실질적으로는 3자회담의 성격이 강했
다. 한편 현재 북한은 한국을 배제하는 대신 '미국이 문제이다'라는 입
장에서 남과 북이 공조하여 미국에 대항해야 한다고 주장하고 있다.
한·미 대 북한의 대립 구도를 남·북한 대 미국의 구도로 바꾸겠다는
것이다. 또한 6자회담에서도 미국이 생각하는 1:5 구도에 대응하여 북
한은 미국을 고립시키는 5:1의 구도를 추구하고 있다.

셋째, 한국 내 정치 상황이 달라졌다. 김대중 정부에 이어 현 정부도
남북교류 및 접촉 확대에 우선순위를 두고 있다. 한국 내에서는 남북

한 간에 타협이 필요할 뿐 아니라 가능하다는 분위기가 우세한 상황이다. 12년 전에는 북한에 대하여 유인책(당근)을 제공해야 한다는 주장이 심한 반발에 부딪혔으나 지금은 오히려 유인책에 비중이 쏠리고 있으며 압력(채찍)은 언급도 하지 말아야 한다는 분위기가 우세하다. 한미 양측이 모두 당근과 채찍을 병행해야 한다는 점에서는 공통적인 것 같지만 그 비중이나 균형을 어떻게 해야 하는가에 있어서는 의견 차이가 있다고 하겠다.

넷째, 지난날에 비하여 북한의 입지가 강해졌다고 볼 수 있다. 11~12년 전의 북한은, 특히 김일성 사망을 고비로 국내적으로 매우 취약한 상황이었다. 지금 경제적으로는 더 곤란을 겪고 있다고 보겠으나 현재 김정일 위원장의 정치적 입지는 견고한 것으로 보이며, 미국은 중동에서 고전하고 있고, 한국 내 대북 분위기도 북한에 유리한 쪽으로 많이 바뀌었다는 점을 감안할 때, 전반적으로 북한이 처한 상황이 크게 호전되었다고 하겠다. 특히 북한은 자국의 핵무기 능력과 보유상황에 대해 자신감을 가지고 있는 것으로 보인다.

다섯째, 이라크와 리비아의 사례가 있다. 이라크 사태는 북한의 핵무기 보유 의지를 더욱 강화하였을 가능성이 있다. 또한 미국은 북한이 리비아의 선례를 따를 것을 종용하지만 북측은 리비아와 상황이 다르다는 점을 강조하고 있다. 북한은 리비아가 핵무기 능력이 없었으며 패전국과 같은 처우를 받을 수는 없다는 말을 하고 있다.

여섯째, 지난번에는 미국과 북한의 양자구도로 협의가 진행되었지만 지금은 다자구도가 형성되어 있다. 북한은 회담에 참여하는 6개국의 다양한 입장과 입장 차이를 이용하여 핵 개발을 계속하면서 이와 동시에 경제적 이득을 챙길 수 있다고 판단할 가능성이 있다.

　일곱째, 전과는 달리 이번에는 일본과 러시아가 협의 과정에 참여하고 있으며 중국이 적극적인 역할을 하고 있다.

6자회담의 성공 요인은?

　6자회담의 성패를 결정하는 요인으로 여러 가지를 꼽을 수 있겠지만 그중 하나는 6자회담이라는 형식(format) 자체가 갖는 역학 관계(dynamics)라고 볼 수 있다. 숫자 면에서 6자회담의 참여자는 양자나 3자회담보다 많고 10자 이상이 참여하는 다자회담보다는 적다. 내용 면에서 6자회담은 1989~1990년에 독일 통일을 협상하기 위해 열린 'Six(동·서독, 미국, 러시아, 영국, 프랑스) Plus One(폴란드)' 회의같이 합의된 결과의 구체적 조건을 협상하는 회의가 될 수 있다. 반면 북핵 문제와 관련된 6자회담은 한반도 비핵화라는 원칙적이고 추상적인 합의 이외에 아직 결과(예컨대 독일 통일, 북핵 해결)에 관한 합의가 전혀 이루어지지 않은 상태에서 열리고 있다. 양식(樣式) 면에서 6자회담은 활발한 양자 접촉을 병행하는 회의가 되고 있다. 양자 접촉 및 협상이 6자회담에 얼마나 보완적 또는 상충적 역할을 할 것인지가 그 성공의 관건이 될 것이다.

　선험적(a priori)으로 볼 때 6자회담은 다음과 같은 이점과 불리한 점을 갖는다고 하겠다. 유리한 점으로 첫째, 6자회담에서는 양자나 3자 회담에서보다 상대국(피설득국)에게 더 큰 압력을 가할 수 있다. 둘째, 이번 북핵과 관련된 6자회담에서와같이 중간적 입장을 갖는 참석자(중국)가 더 가시적이고 책임 있는 역할을 함으로써 갈등을 무마하고 타협을 유도할 수 있다. 셋째, 협상과 합의 그리고 이행 과정에서 역할과 책임을 분담함으로써 각자의 부담을 경감시킬 수 있다. 넷째, 6자회담은 양자 접촉과 협상의 기회와 틀을 마련해 줌으로써 양자 회담과 다자회담의 장점을 결합시킬 수 있다. 사실상 9.19 합의에서는 8월 초에 가졌던 미국과 북한 간의 양자 협의 내지 협상이 중요한 역할을 했던 것으로 평가되고 있다.

이러한 이점에도 불구하고 6자회담은 그 나름대로의 문제점을 내포하고 있다. 첫째는 행위자가 다수이다 보니 효과적인 협상과 외교에 통상적으로 불가결한 비밀 보존과 '조용한 외교(quiet diplomacy)'를 불가능하게 한다는 점이다. 여기서 조용한 외교와 협상의 필요성을 새삼스럽게 설명할 필요는 없다고 본다. 다만 북핵과 관련된 6자회담의 경우 참여국들의 다양한 이해관계와 국내 사정 그리고 정보관리의 능력 차이로 인해 홍보적 차원의 혼란이 불가피해질 수 있다. 따라서 회담은 홍보전(戰)의 양상을 띨 가능성이 크다. 6자회담의 또 하나의 한계성은 참여국들의 이해관계가 다양하고 상이하여 효과적이고 강력한 협상 전략을 구사하기 어렵다는 점이다. 회담의 목적은 물론, 수단과 방법 그리고 전략에 이르기까지 합의를 도출하기가 어려우며 이는 상대방이 역(逆) 활용할 기회를 제공하게 된다. 최근 한·일, 중·일 간의 관계 악화가 그 예가 될 것이다. 셋째, 핵심 문제(이 경우 핵 문제)와 직접 관련 없는 이유로 참여국 간에 불화나 갈등이 있을 때 효과적인 공조와 협조가 어렵게 된다는 점이다. 끝으로, 평화적 핵 이용권 문제에서 보듯, 중요한 문제라도 어느 한 나라가 회담의 진전을 막는다는 비난을 피하기 위해서는 양보가 불가피해지는 경우도 있다는 점이다.

북한이 핵무기와 그 프로그램을 포기하는 시나리오를 상상하기란 쉬운 일이 아니다. 그럼에도 불구하고 6자회담에 일말의 희망을 가져보는 이유는 무엇인가? 즉, 북한이 핵 문제 해결에 합의한다면 왜 그렇게 할 것인가?

첫째, 북한은 핵 문제를 해결하지 않고서는 외부로부터(특히 한국, 일본, 미국) 절대적으로 필요한 본격적인 경제적 지원을 얻을 수 없다는 것을 인식하고 있다. 둘째, 중국은 외견상 모호한 태도를 보이고 있음에도 불구하고 사실상 회담에 적극적으로 개입하고 있으며, 북핵 문제 해결에 핵심적 이해관계가 걸려 있는 나라이다. 중·장거리 미사일을 보유하고 있는 북한이 핵무기를 보유하는 것을 중국은 용인하고 싶지 않을 것이다. 중국은 또 북핵 문제를 대만 등 다른 이슈와 연계시키지 않는 경향이 있다. 셋째, 미국이 중동 문제에 몰두하고 있음에도 불구하고 부시 대통령 2기에 들어와 북핵 문제 해결에 더욱 적극성을 보이고 있으며 북한도 이를 주지하고 있다. 인도, 파키스탄의 경우와 같이 미국이 북한의 핵을 용납할 가능성은 없다. 넷째, 콘돌리자 라이스(Condoleeza Rice) 국무부 장관, 크리스토퍼 힐(Christopher Hill) 국무부 동아시아태평양 차관보 등 담당자들이 부시 대통령과 가까울 뿐만 아니라 미국 내의 강경파들과도 이야기를 나눌 수 있고 한국과도 의사소통이 잘 되는 사람들이다. 특히 힐 차관보의 경우 북한도 어느 정도 그에게 신뢰감을 갖고 있는 것으로 보인다. 다섯째, 미국을 포함하여 6자회담 참가국들이 핵 문제 해결에 대한 안보 및 경협 면의 혜택을 약속하고 있다는 점이다. 끝으로, 한국의 전기 공급을 약속하는 '중대한 제안'이 북핵 문제 해결의 물꼬를 열어줄 수 있을 것이라는 전망이다.

반면, 북한이 핵을 결코 포기하지 않을 것이라는 주장도 제기되고 있다. 우선, 북한은 체제와 정권 유지를 위해 핵무기 보유가 필수적이라고 판단하고 있다는 것이다. 둘째, 북한은 1970년대 이후 핵 개발에 많은 투자를 해왔고 수차례의 위험한 고비를 거쳐 이제야 비로소 핵무기 보유국의 반열에 올랐기 때문에 이를 쉽사리 포기하지는 않을 것이라는 주장이다. 셋째, 처음에 북한은 6자회담을 꺼렸으나 그 원천적인 한계 때문에 북한이 이를 역이용할 수는 있을지언정 북한에 대한 효과적인 압력이 될 수는 없을 것으로 판단했을 수 있다. 넷째, 북한의 '벼랑 끝 전술'은 미국에 대해서뿐만 아니라 중국에 대해서도 유효하다는 것이다. 즉, 중국은 북한의 붕괴를 각오하지 않으면 에너지, 식량 공급 중단을 압력의 수단으로 사용하지 못한다는 것이다. 다섯째, 한·일, 중·일 등 양자 간의 다른 현안들은 6자회담에서의 효율적인 협력과 공조를 저해한다는 것이다. 끝으로, 미국이 리비아식 해결을 고집하고, 이라크에 몰두해 있고, 이란 문제에 관심이 분산되어 있는 동안 북한은 핵무기를 계속 개발, 생산하고 보유할 빌미를 가질 수 있다는 것이다.

　이상 북핵 문제가 해결될 것이라는 낙관적인 전망의 근거와 해결되기 어려울 것이라는 비관적인 전망의 근거를 나열했으나 실제로 어느 것이 우세할 것인가는 제반 요인과 행위자들의 역동적인 상관관계에 의해 결정될 것으로 보인다. 즉, 6자회담 참가국 간의 공조와 갈등, 효과적인 정책과 전략의 개발 여부, 실질적 흥정과 협상 그리고 북한의 경제 사정, 이라크의 정황 전개, 한·미 관계 및 남·북 관계의 진전 상황 등에 따라 북핵 문제의 전개 방향이 결정될 것이다. 일반적으로 중대한 결정이나 방향은 어느 시점에 의도적으로, 또 의식적으로 정책 결정(decision-making)이라는 방법에 의해 만들어질 수도 있으나 점진적으로 누적적인 상황에 의해 형성될 수도 있다. 북한의 경우 정책과 전략의 설정은 전자의 과정을 거칠 가능성이 크다.

　이 시점에 북한이 실제로 '전략적 결정'을 내렸고, 이러한 결정을 실행할 전략까지도 결정해 놓았는지는 단정하기 어렵다. 다만 북한의 입장에서 볼 때, 위에서 언급한 여러 가지 요인들을 종합적으로 고려할 것은 당연한 일이다. 물론 이러한 요인들이 모두 똑같은 비중을 갖는 것은 아니다. 하나의 핵심적인 요인이나 이유를 중심으로 다른 요인들은 중요 결정에 보조적인, 또는 매개적인 역할을 하는 것이 보통이다. 북한의 경우 무엇이 결정적인 요인 또는 이유가 될지, 또한 그러한 결정이 어떠한 선택을 가져올 것인가를 우리가 알기 위해서는 시간을 두고 6자회담의 경과와 결과를 지켜볼 필요가 있다.

6자의 다양한 이해관계

6자회담의 한계성은 참가하는 6개국 간 이해관계의 다양성과 북한이 이러한 상황을 어떻게 유리하게 활용하는가를 고찰할 때 더욱 명료히 드러난다.

미국의 게임플랜(game plan)

미국은 2001년 9월 11일 이후 미국에 대한 최대 위협은 테러 집단에 의한 핵 공격이라고 판단하고 과거 북한 핵을 1차적으로 핵확산의 문제로 규정했던 것과는 달리 이를 테러 집단과 불량국가에 대한 핵 이전 문제로 재정의하였다. 그러나 미국은 2003년 봄 이라크를 공격하기로 하고 그 준비, 전쟁 수행, 전후 복구와 반군 진압 과정에 군사적, 정책적, 외교적으로 몰두하였다. 더욱이 부시 대통령의 1기 동안 국내적으로는 '네오콘'들의 강경 노선과 대화파의 협상 노선과의 갈등으로 북핵 문제에 효과적인 정책이나 전략을 만들어내지 못하였다. 동시에 한미동맹의 관리 차원에서 강경한 정책에 제한을 받게 되어 북한에게 핵의 완전한 폐기를 요구하고 핵의 개발, 보유, 증대, 확산, 이전을 불용하면서도 확실한 금지선(red line)도, 시한(timeline)도 책정해 놓지 못했다.

결과적으로 북한은 핵무기 활동을 제약 없이 수행했을 뿐 아니라 플루토늄의 다량 생산과 핵무기 보유까지도 선언하였으나 미국은 속수무책으로 대응하였다. 그러면서도 미국은 북핵 해결을 위해서는 궁극적으로 모든 대안의 사용이 가능하다는 입장('all options are on the table')을 견지하면서 6자회담을 최대한 추진하되 어느 단계에 가서는 좀 더 강경한 대응도 불사하겠다는 모습을 보여주었다. 미국은 일본과 긴밀히 공조하면서 중국에 더욱 적극적인 역할을 주문하며 러시아와 한국에는 문제 해결에 도움이 되는 입장을 취해줄 것을 부탁하고 있는 입장이었다.

중국의 입장

중국은 세 가지의 중요한 한반도 정책 목표를 가지고 있는 것으로 보인다. 우선은 북한 정권을 존속, 유지시키는 것이고, 둘째는 한반도에서의 전쟁과 무력 분쟁을 방지하는 것이며, 셋째는 한반도의 비핵화를 실현하는 것이다. 문제는, 이러한 정책 목표를 추구하다 보면 이들이 상호보완적일 때도 있으나 서로 부딪히는 경우도 있다는 점이다. 따라서 중국은 이 목표들의 우선순위를 결정해야 하며 이러한 우선순위는 일관적이라기보다는 시기와 경우에 따라 변할 수도 있을 것으로 보인다. 미국과 한국에서는 중국이 과연 북핵 문제를 해결해야 한다는 강박관념을 가지고 있느냐 하는 의문이 자주 제기된다. 그러나 중국이 한반도의 비핵화를 실현시켜야 한다고 믿는 것은 당연한 일이다. 북한의 핵은 그 자체가 중국에게 위협이 될 뿐 아니라 핵 물질, 무기의 이전 가능성도 우려 대상이며, 북한 핵이 일본 등 주변국에 확산의 계기가 될 것을 경계하지 않을 수 없기 때문이다.

중국은 제1차 북핵 위기 시에도 그랬던 것처럼, 중국 자체의 판단과 방법으로 효과적인 해결 방법을 모색하여 추진하겠다는 입장을 취하고 있다. 특히 결정적인 시점(예: 1994년 6월)에는 그 나름대로의 특단의 조치를 취했던 전력이 있다. 제2차 위기와 관련하여, 9.19 합의를 도출하는 데는 결정적 역할을 수행하였으나 그것을 이행하는 과정에서도 중국이 북한에 결정적 영향을 줄 능력을 갖고 있는지는 불명확하다. 북한은 중국에 대해서도 '벼랑 끝 전술'을 취하고 있기 때문이다. 중국이 북한에 대해 가지고 있는 지렛대(leverage)를 효과적으로 사용할 수 없는 이유 중의 하나는 북한의 존립이라는 중국의 또 다른 정책 목표와 상치될 수 있기 때문이다.

일본의 이해관계

일본은 북한 핵과 미사일에 의해 가장 직접적인 위협을 느끼고 있는 나라이다. 미·일 동맹은 과거에 소련을 대상으로 체결되었고 현재는 잠재적으로 중국을 대상으로 하는 점이 많지만, 직접적으로는 북한의 미사일 공격이 당면의 위협이고 과제이다. 일본으로서는 미국과의 동맹이 북한의 공격 가능성을 증대시킬 가능성이 있으나 동시에 그것을 억지할 수 있는 가장 효과적인 장치(mechanism)인 것이다. 북한이 일본을 공격하는 경우 미국의 자동적 보복을 확실히 받는다고 예상하는 것이 일본으로서는 무엇보다 중요한 일이다. 일본은 6자회담을 계기로 북한과의 쌍무적인 일본인 납치 문제를 제기함으로써 일본에 대한 북한의 거부감을 더욱 강하게 만드는 면이 있었다. 이것은 북핵 문제의 초점을 흐리게 하는 한편 6자회담에 대한 북한의 불필요한 반발의 명분을 줄 수 있다는 문제를 갖는다.

한·일, 중·일 관계 악화는 북핵 문제 대응에 부정적인 영향을 줄 수 있다. 최소한 북한이 일본과 한·중과의 관계를 취약한 것으로 보고 이점을 유리하게 이용하려는 유혹을 느낄 수 있을 것이다. 실제로 북한은 미국을 일본과 같이 묶어 비난함으로써 미국과 함께 일본을 한·중으로부터 멀어지게 하려는 시도를 하고 있다. 또한 이는 한국에서의 대미 반감 조성에 도움이 될 뿐만 아니라 한·미·일 3자 협조에 차질을 준다는 인식을 가지고 있을 것이다.

러시아의 정책

러시아로서는 6자회담 등 다자 협의 과정에서 배제되지 않는 것이 중요하다. 또한 러시아는 북한과 경제적인 이해관계(에너지, 철도, 공장, 무기 판매 등)를 갖고 있으며 미국에 대한 균형자(balancer)나 중국의 대안으로서 북한과의 우호적 관계 유지에 노력하고 있다. 북한은 북한대로 러시아의 대중, 대미 균형자적 가치를 인정하고 있는데, 특히 김정일 위원장은 러시아와의 우호 관계 증진과 과시에 정성을 쏟고 있는 것으로 보도되었다. 러시아라는 국가의 전통적인 외교 패턴과 푸틴 대통령의 정치 스타일로 미루어, 러시아가 이러한 외교적 기회를 놓칠 리가 없다는 것은 자명한 일이다.

한국의 정책

한국의 최우선적인 과제는 한반도에서의 전쟁 발발 방지인 것으로 보인다. 미국과의 우호 협력 관계를 유지하는 것은 대북정책에 있어 유연성을 이끌어내기 위한 필수조건으로 간주되고 있다. 북한에 대해서는 핵 문제 해결에 협조하는 것이 북한의 경제 발전과 안전보장에 필요한 조치라는 점을 강조하고 있다. 북핵에 대한 인식 - 즉, 얼마나 가졌는가, 얼마나 큰 위협인가, 북한이 핵을 포기할 것인가, 포기하게 만드는 방법은 무엇인가? - 은 대체로 희망적 관측에 의해 결정되는 경향을 보이고 있다. 따라서 압력의 사용은 최소한 단기적으로는 역 생산적이며 남북관계의 진전과 남북 간의 협력 증진은 핵 문제 해결에 도움을 줄 것이라는 신념을 갖고 있다.

북한은 이러한 한국에 대해서 한편으로는 북한이 핵무기를 보유하는 데 대한 우려는 물론 관심마저 가라앉혀 주고, 나아가서는 같은 민족이라는 정서를 십분 활용하여 미국의 '무리한' 요구에 반발하는 민족 공조를 유도하고자 노력하고 있다. 북한은 2000년 6.15 남·북한 정상회담의 공동 선언 정신을 강조하는 한편, 8.15 행사를 통한 대표단의 서울 및 현충원 방문, 아시안 게임의 공동팀 구성 등을 통한 '매료정책(charm offensive)'으로 남한 국민의 북한, 특히 북한 핵에 대한 경계심을 무마시키고 북핵 문제는 미국 등 반북한 세력이 공연히 트집 잡는 부당한 압력이라는 생각을 심어주는 데 상당한 성공을 거두고 있다. 뿐만 아니라 북한의 평화적 핵 이용권을 강조함으로써 남한을 북한의 입장에 동조시키고 한·미 간의 입장을 분리시키는 데 상당한 효과를 보고 있다.

북한의 게임 플랜(game plan)

북한은 단기적으로 다음의 몇 가지 정책 목표를 가지고 있는 것으로 보인다.

1. 북한이 최대한 바랄 수 있는 것은 파키스탄이나 인도의 예와 같이 핵무기 보유국의 지위를 확보하는 해결 방안이다. 현실적으로 이것을 기대하기는 어렵지만, 최소한 시간을 가지고 한번 추구해 볼 만하다고 판단할 가능성이 있다.
2. 핵무기 보유국의 지위를 인정받지 못할 경우, 최소한 앞으로 필요하면 핵무기 사업을 재개할 가능성을 열어두는 '핵 옵션'을 견지하는 것이 차선의 해결 방법이라고 간주할 것이다. 이를 위해서는 소위 '핵의 평화적 이용권'을 인정받는 것이 절대로 필요하다고 판단할 것이다.
3. 이상 두 가지의 목적을 이루지 못하는 경우 제재를 받지 않고 경제적 지원을 받으면서 핵무기를 확보하고 양적, 질적으로 핵무기를 증대시키는 것도 북한으로서는 하나의 대안이 될 수 있다.

4. 단기적으로 북한은 핵 문제를 재정의하는 데 성공하고 있다. 이미 북한은 핵 문제의 실질적인 해결이 없이도 핵무기 실험을 하지 않는 것, 6자회담에 복귀하는 것, 원칙적인 문제만을 다룬 공동성명문에 서명한 것만 가지고도 문제 해결에 협조한다고 인정받고 있다. 이미 북한은 6자회담 복귀의 보상으로 한국으로부터 30만 톤의 비료와 50만 톤의 쌀을 받고 있다. 9.19 합의 이후 북한 핵 문제가 해결되지 않은 상태에서도 북한은 한국으로부터의 지원을 대폭 증대시키는 기회로 삼을 것이 예상된다.

5. 또한 북한은 한국, 중국, 러시아를 자신의 편으로 이끄는 노력에 있어 많은 성과를 거두고 있다. 이미 평화적인 핵 이용권 주장에는 위의 세 나라가 북한에 동조하는 입장을 취하고 있다. 이것은 문제가 해결될 경우 북한에 유리한 조건이 될 것이며 해결이 안 될 경우 그 책임을 미국에 전가할 수 있는 유리한 위치에 있다는 것을 말해 준다.

6. 북한은 적절히 한국민 등 상대방의 북핵 문제 해결에 대한 기대심을 조절해 나갈 것이다. 한편으로는 경수로 등을 요구하면서, 또 한편으로는 핵 포기의 가능성을 제시하면서 문제는 해결이 안 된 상태에서 경제협력 등 북한의 필요사항을 충족시켜 나가려 할 것이다.

북한의 게임 플랜이 어느 정도나 성공할 것이냐는 6자회담의 맥락 속에서 한·미·일 3국의 공조 여하 그리고 북한 이외의 5개국이 어떻게 협조하느냐에 달려 있다고 하겠다. 따라서 6자회담의 결과는 낙관적인 전망을 제시하는 것만은 아니다. 예컨대 한·미 간에는 조정되어야 할 여러 가지 문제들이 남아 있다. 첫째, 북한의 핵이 얼마나, 또한 어떠한 위협이 될 것인가? 둘째, 북한 핵에 대해 어떠한 정보를 가지고 있는가? 셋째, '당근'과 '채찍'을 어떻게 병행·구사할 것(mix)인가? 넷째, 북·미 간 양자협상이 어떠한 비중을 가질 것인가? 다섯째, 북핵 문제의 해결이 이루어지지 않는 동안 남북한 관계를 얼마나 적극적으로 추진할 것인가? 여섯째, 미사일, 인권 등 핵 이외의 문제들을 얼마나 심각하게 취급해야 할 것인가? 일곱째, 북핵 문제를 어떠한 조건으로 해결할 것인가 하는 문제들이 남아 있다.

대외 관계를 설명하는 몇 가지 사자성어

외교 관계에서 NCND(Neither confirm, nor deny: 확인도 부인도 않는다)라는 자주 사용되는 유명한 말이 있다. 몇 가지를 더 만들어본 적이 있어서 소개한다.

남북관계에서 북한의 대남정책이 NBNB이다. Neither break through, nor break off. 특별히 획기적으로 진전시키지도 않고 그렇다고 완전히 깨뜨리는 것도 아니다. 경제협력도 좀 받아야 할 테니 갈라질 수는 없고 그렇다고 해서 남북관계에 돌파구를 만들지도 않는 것이다. 북한의 대미정책은 BTNB이다. Brave talk, no bite. 말로는 용감하게 대들어도 정작 물지는 않는다.

중국의 남북한 정책은 NFIH이다. Never fear, I'm here. 내가 있으니 두려워 마라. 북한에 대해서도 그렇지만 남한에 대해서도 북한하고 잘 지내라고 타이르는 큰형(big brother) 노릇을 하려고 한다.

일본은 YTWP이다. You talk, we pay. 협상은 너희들이 하고 돈은 우리가 내겠다. 일본 사람들이 YTWP를 좋아하지 않을지도 모르겠다.

러시아는 물망초이다. 알파벳 사자성어로 하면 FGMN이다. Forget me not. 나도 여기 있는데 나 무시하고 너희들끼리만 놀지 말아라.

우리의 대북정책은 FSMN이다. Forsake me not. 날 버리지 말아라 하는 것이다.

옛날 서부활극 카우보이 영화에 'Have gun, will travel'이라는 게 있었다. 무슨 뜻이냐 하면 총을 잘 쏘는 해결사가, 귀찮게 구는 놈이 있으면 내가 달려가 총으로 해결해 주겠다는 의미다. 미국 정책이 지금 'Have gun, will travel' 대신에 'Have gun, will talk'이다. 내가 총을 가졌는데 대화는 하겠다. 북한에서 봤을 때는 자존심을 버리고 대화에 나오라고 하는 것이나 다름없다.

북핵 문제의 전망

6자회담 같은 다자협상이 성공할 것인가? 당분간 이 질문에 대한 대답을 얻을 수는 없을 것이다. 그러나 북핵 문제와 관련하여 몇 가지 가능성을 상정해 볼 수는 있다.

첫째, 획기적 진전을 생각해 볼 수 있다. 어떤 계기에 의해서든지 북한이 '전략적 결단'을 내리고, 미국이 특사를 파견하고, 양자 간의 합의가 이루어지고, 다자협상을 통해 북·미 간의 합의를 도출해 내는 가능성을 상정해 볼 수 있다.

둘째, 상황이 점진적으로 호전(북핵 동결, 감축, 폐기로 이어지는 순차적, 점차적 과정)될 가능성이 있다. 이 과정에서 신뢰가 조성되고 북·미 관계가 개선, 정상화되면 북한이 점진적으로 핵을 완전히 폐기하는 것을 말한다.

셋째, 점진적 악화의 가능성이 있다. 북핵 문제 해결이 공약에 그치고 실제로 진전을 보이지 않는 상황을 상정해 볼 수 있다. 진전되지도 악화되지도 않는 현상 유지 상황은 불가능할 것으로 보인다. 진전이 없는 동안 북한은 핵 능력을 제고, 확대시킬 것이며, 이는 사태 악화를 의미할 뿐이다. 점진적 악화는 궁극적으로 볼 때 연기되어 온 큰 충돌을 초래할 가능성이 있는 것으로 분석된다.

넷째, 파국적 상황의 가능성은 별로 없는 것으로 판단된다. 북한은 그 나름대로 합리적 계산을 할 것이며 자해 행위는 피할 것으로 보이기 때문이다. 동시에 6자회담 참가국들 중 어느 나라도 파국을 원하지 않고 있다는 사실도 파국적 상황의 가능성은 희박한 것으로 보는 이유가 된다.

결론적으로 다자협상에 의한 북핵 문제의 타결은 실제로 가능하고 필연적인 것인가? 단기적으로 9.19 6자 합의가 북핵 문제의 완전한 해결을 의미하는 것은 아니지만 그 물꼬를 트는 데는 기여할 수 있을 것이다. 다만 성급하게 좋고 바람직한 결론만을 믿고 있을 수는 없다. 막연한 기대만으로는 해결될 수는 없는 문제이다. 원칙적 합의가 궁극적으로 구체적이고 실천적인 합의가 되기 위해서는 그것을 위한 치밀한 전략과 현실적인 방안 그리고 그 실현을 위한 의식적이고 체계적인 노력이 필요할 것이다. 무엇보다도 한·미 간 공동의 노력과 협력이 중요한 관건이 될 것이라는 데에는 의심의 여지가 없다.

5

이웃인가, 앙숙인가

한국과 일본

악순환은 계속되는가

　일본은 1945년 2차 세계대전에서 패배하고 한국에서 완전히 철수하였다. 그러나 남북한에 각기 정부가 세워지고 20여 년이 지난 1965년까지도 국교 정상화는 물론 일본의 한국 점령과 식민/피식민 시대에 대한 법적인 청산과 정리를 못 하고 있는 상태였다. 북한의 공산정권은 철저한 반일 정책을 국가 정통성의 기조로 삼고 있었고, 남한에서는 이승만 대통령이 이끄는 보수 정부가 반일(反日) 반공(反共)을 국시(國是)로 삼을 만큼 일본에 대한 반감을 가지고 일본과의 어떠한 정상적인 관계도 수립할 생각을 하지 않고 있었기 때문이다.

　한국은 1960년 이승만 대통령 퇴출 후 60년대 초에 군부 쿠데타로 정권을 장악한 박정희 군사정권이 경제 발전을 위해 실리를 추구하는 외교정책을 추진했다. 박정희 정부는 국내의 지속되는 반일 정서와 운동에도 불구하고 한국의 경제 발전을 위하여 일본과의 관계 정상화를 시도하는 용단을 내렸다. 박정희 대통령이 일본 군관학교 출신이었다는 사실은 한편으로는 일본과의 화해에 장애를 주는 동시에 다른 한편으로는 일본을 이해하고 인맥을 활용할 기회도 제공하였다. 결국 1965년 한국과 일본은 한국 내의 광범위한 반대 운동에도 불구하고 외교 정상화라는 어려운 과제를 타결하였다.

1951년 9월 8일에는 일본과 2차 대전에서 승전한 연합군 사이에 샌프란시스코 강화조약이 체결되었다. 그러나 한·일 양국 간에는 영토 문제(특히 독도 문제)와 점령과 전쟁피해 청구권 등을 포함하는 배상 문제가 만족스럽게 해결되지 않았다. 따라서 관계 정상화에 대한 원칙적인 합의가 성사되었음에도 배상과 과거사 처리 문제에 관한 분규의 소지가 남아 있게 되었다.

한일 두 나라는 1965년 국교 정상화를 이룬 이후에도 몇 가지 이슈를 둘러싸고 껄끄러운 관계에서 벗어나지 못했다. 그 가운데 하나는 독도 영유권과 관련된 것으로서 1951년 샌프란시스코 강화회의에서 일본은 자국이 1905년 한국과 연고가 없는 무인도를 자기네 영토로 편입한 것인데 한국이 2차대전 후 불법으로 점거하고 있다고 주장했고, 한국은 독도는 역사적으로 한국의 영토였음에도 불구하고 일본이 한국의 주권을 합병하는 과정에서 강탈한 땅이라는 입장이었다. 또 하나의 쟁점은 일본의 군국주의와 식민정책과 관련된 것으로서 한국은 일본이 침략을 포함한 역사적 과오를 충분히 인정하지 않을 뿐만 아니라 주변국, 특히 한국에 대하여 반성과 사죄의 뜻을 확실히 전달하지 않는다는 것이었다. 이는 또 일본의 역사 교과서 왜곡과 연결되어 있었다. 1964~1965년에 협상된 재수교 과정에서도 일본은 금전적 보상을 배상으로 표현하는 것을 거부하고 '청구권'이라는 표현으로 대체할 것을 고집했다.

1965년 한일 간에 체결된 한일 청구권 협정(韓日請求權協定)은 일본이 한국에 대해 투자한 자본과 일본인의 개별 재산 모두를 포기하고 3억 달러의 무상 자금과 2억 달러의 차관을 지원하고 한국은 대일 청구권을 포기하는 것에 합의하였으나 배상의 구체성과 책임 소재의 모호성으로 앞으로의 분규를 예고하였다. 한일 간의 무역 불균형 문제(1980년대에 우리나라 전체 무역적자의 약 90%를 일본이 차지하고 있었다)도 두 나라의 우호 관계에 지장을 주는 문제였다. 1980년대에 와서는 전두환 대통령이 일본에 추가 배상을 요구하여 또 한 번의 논란이 일어난 적도 있었다.

1980년대 후반에 와서 한일 관계가 다소 희망적으로 보인 적도 있었다. 서울올림픽이 개최된 1988년, 한국인들은 기쁨과 자신감에 차 있었고 일본은 서울올림픽의 성공적 개최를 진정으로 축하해 주는 모습을 보였다. 일본 경제는 승승장구하여 하버드대학의 에즈라 보겔(Ezra Vogel) 교수는 1979년 이미 《1등으로서의 일본(Japan as No. 1)》이라는 책을 쓰기도 했다. 한국은 일본의 우경화를 걱정하지도 않았고, 일본은 한국을 부상하는 경쟁국으로 간주하지도 않았다. 양국의 지도층은 아직도 전전(戰前) 시대를 실제로 경험하고 기억하는 세대였고, 따라서 양 지도층 간에는 인간적 소통이 이루어지고 있었으며, 일본 지도층은 과거에 대해 어느 정도 심적 부담감을 느끼고 있을 때였다. 그러나 1990년대에 와서 위안부 문제가 본격적으로 수면 위로 부상했다.

1965년 수교 협정 이후 표면에 나서기를 꺼리던 한국인 피해자들은 김학순 씨를 필두로 공개 증언을 시작했고, 이들의 명예와 권익을 수호하기 위하여 1990년에는 37개의 여성단체가 모여 '한국정신대문제 대책협의회(약칭 정대협(挺隊協))'가 창립되었다. 정대협은 1992년 '일본군 위안부 문제 해결 아시아연대회의(약칭 아시아연대회의)'를 발족하여 일본군 위안부 문제를 '민족' 문제를 넘어 '전쟁과 여성 인권' 문제로 그 의미를 확장해 나갔다. 아시아연대회의는 일본군 위안부 문제 해결을 위한 남북 간 연대활동 및 국제적 연대활동을 이끌어내기 위해 노력했다. 실제로 아시아연대회의는 남북이 처음으로 '일본군 위안부 공동성명'을 발표하는 성과를 이끌어냈다.

이러한 연대활동의 결과로 유엔인권위원회, 여성차별철폐위원회, 전문가위원회 등 국제기구들이 연달아 일본 정부에 공식 사죄, 법적 배상, 책임자 처벌 등을 요구하는 결의문과 보고서를 채택했다. 미국, EU, 캐나다, 네덜란드 등 세계 각국 의회에서도 일본 정부에 일본군 위안부 문제 해결을 요구하는 결의안 채택이 이어졌다. 일본군 위안부 문제와 관련해 역사적 사실을 증언하던 할머니들이 연로하여 연이어서 세상을 떠나는 가운데 문제 해결의 시급성은 나날이 커지고 있었다.

1990년대 들어서 위안부 문제와 관련한 한국과 일본의 견해 차이를 보면 일본 측은 위안부 문제는 한일 청구권 협정에 따라 이미 해결되었다는 입장이고, 한국 측은 이 문제는 반인도적 불법행위에 해당하는 사안으로, 청구권 협정으로 해결된 것이라고는 볼 수 없다는 입장이었다. 그러다가 위안부 문제에 일본군의 관여가 있었는지, 있었다면 강제성이 있었는지 등으로 쟁점이 옮겨가고 있었다. 일본은 애초에는 민간업자의 소행이므로 정부와는 무관하다는 태도로 일관했으나 1991년 10월 일본 방위성 도서관에서 종군위안부를 일본군이 관장하고 통제했다는 자료가 발견되자 정부 대변인인 가토 코이치 관방장관이 "일본군이 관여했다는 것은 부인할 수 없다."라며 일본 정부의 책임을 처음으로 시인했다. 1992년에는 당시 일본의 미야자와 기이치 총리가 한국 방문 시 "정신대 문제는 관계자들이 겪은 쓰라린 고통에 마음이 미어지는 심정"이라고 사죄하고 진상 규명과 적절한 조치를 약속했다. 1993년에는 미야자와 정부가 종군위안부 문제를 조사하고 그 결과를 미야자와 정부 퇴진 하루 전인 8월 4일 '고노 내각 관방장관 담화'의 형식으로 발표했던 것이다.

여기에 이르는 과정은 어떠한 것이었나? 나의 장관 재임 시기는 물론 그 이전부터 우리 측은 한일 외무부 장관 회담이 있을 때마다 우리 국민이 납득할 수 있는 조사 결과 발표를 촉구했다. 특히 우리 측은 1992년 1월 미야자와 수상 방한 시 이 문제가 국민적 관심사로 부각된 경위 등을 감안하여 미야자와 수상 임기 중 해결되기를 강력히 희망한다는 뜻을 전했다. 결국 일본 측은 다음 해(1993년) 7월 29일 조사 결과 발표문 초안을 우리 측에 제시하고 이에 관한 우리의 의견을 문의해 왔다.

우리 측은 일본의 임박한 정권교체와 관련한 발표 시기상의 문제점 지적과 함께 강제성을 인정하는 명확한 표현의 필요성 등 문안에 관한 의견을 제시했다. 일본 측은 8월 3일 우리 측 의견을 고려하여 발표 문안을 일부 수정 보완하고, 이를 8월 4일 '고노 요헤이 관방장관 담화

(河野洋平官房長官談話)'라는 형식으로 발표했다. 일본 정부는 발표문에서 소위 위안소는 군 당국의 요청 때문에 설치, 운영되었으며, 군이 직간접적으로 관여했다는 것과 위안부 중 한반도 출신이 큰 비중을 차지하며, 위안부 모집, 이송, 관리 등도 감언이나 강압에 의한 것이었으며 총체적으로 본인들의 의사에 반하여 시행되었다는 점을 명시했다. 또한 피해자에 대한 사과와 반성의 뜻을 표명했으며, 이를 역사의 교훈으로 직시하겠다는 점을 확약했다.

후에(2014년) 아베 정부는 고노 담화를 검증한다고 하면서 이것이 한일 간 협상의 결과라고 규정지었으나, 고노 담화는 어디까지나 일본 정부가 자체적인 조사와 판단을 기초로 일본 정부의 입장을 담아 발표한 일본 정부 자체의 문서임에 틀림없다. 우리 정부는 고노 담화에 대하여 일본 정부가 담화를 통해 위안부의 모집, 이송, 관리 등에 전체적인 강제성을 인정하고 군 위안부 피해자에 대한 사과와 반성의 뜻과 함께 이를 역사적 교훈으로 직시하겠다는 결의를 표명한 점 등을 평가했다. 또한 이번 조사 결과에서 밝혀지지 않은 부분에 대해서는 관방장관의 담화에서 명시한 바와 같이 일본 정부가 계속 관심을 기울임으로써 앞으로도 계속 밝혀질 수 있기를 기대한다는 뜻을 표명했다.

피해자들에 대한 금전적 보상 문제와 관련해서 한국 정부는 일본 정부로부터 정부 대 정부의 배상은 요구하지 않았으나, 이는 도덕적 우위에서 일본 측에 위안부 문제 해결을 촉구하기 위한 당시 우리 정부의 입장에 따른 것이었다. 피해자들이 일본 정부의 사죄와 보상이라는 공적 성격의 조치를 강력히 희망하고 있는 만큼, 일본 정부가 이러한 점

도 고려하여 해결 방안을 모색할 필요가 있음을 강조했다. 또한 일본 정부를 상대로 한 피해자들의 소송 및 민간 차원의 조사와 연구 활동은 계속 관심을 기울여줄 것을 강조했다. 그러나 일본은 금전적 보상 문제와 관련하여 공적 성격의 조치를 취하는 대신 '아시아여성기금'이라는 민간 성격의 모금 운동에 정부가 참여하는 간접적 조치로 대신하려 했다. 피해 당사자와 정대협 등 관련 단체들은 명예 회복 조치가 없는 위로금 지급은 받아들일 수 없으며 일본 정부의 사죄를 포함한 공적 성격의 조치를 희망하는 입장이었기에 아시아여성기금 구상은 문제의 해결을 더욱 어렵게 만들었다. 문제가 해결되지 않고 있는 가운데 2007년 3월에는 '여성을 위한 아시아 평화 국민기금(女性のためのアジア平和国民基金)'을 해산하기에 이른다. 2011년 8월에는 한국의 헌법재판소가 한국 정부가 위안부 피해자 청구권 관련 분쟁을 해결하기 위해 더 강력히 노력하지 않는 것은 위헌이라고 결정함에 따라 문제 해결을 위한 행정부 차원의 재량이 더욱 크게 제한을 받게 되었다.

그 후 5년간의 줄다리기 끝에 2015년 12월 말, 일본 정부가 위안부 문제는 당시 군의 관여하에 다수 여성의 명예와 존엄에 깊은 상처를 입힌 문제로서, 이에 대해 일본 정부는 책임을 통감한다는 것을 명백히 하고 모든 위안부들의 지원을 목적으로 하는 재단에 일본 정부 예산으로 자금을 일괄 거출하여, 그들의 명예와 존엄의 회복 및 마음의 상처 치유를 위한 사업을 수행할 것을 약속함으로써 일단락지었다. 이러한 합의는 북핵 위협 등 엄중한 국제 상황에 비추어 악화 일로를 걷던 한일 관계를 우려하던 많은 국민들에게 안도감을 준 반면 정대협 등 시민 단체와 일부 위안부들 그리고 야당은 일본의 사과와 배상이 미흡하다며 강한 반대 의사를 표시하기도 했다.

더 어려워진 일본의 과거 청산

돌이켜보면, 21세기에 들어와서 일본 지도층이 완전히 전후 세대로 교체되고 과거에 대한 죄의식을 느끼지 못할 뿐 아니라 전후 대처에 대해 불만을 갖는 세력과 인사들이 집권하게 되었다. 그 결과 과거 청산 문제가 더 어려워졌을 뿐 아니라 일본에서는 우경화와 민족주의가 확대되는 현상이 나타나게 되었다. 이는 위안부 문제를 포함한 과거사 문제는 물론 영토 분쟁, 교과서 문제, 야스쿠니 신사참배 문제 등 2차대전 이후 마무리되지 못했던 문제들이 다시 일본과 주변국 간의 관계를 어렵게 만드는 원인이 되었다. 흔히들 한국과 일본은 '가깝고도 먼 나라'라고 한다. 지리적으로 가까워 협력할 일도 많은데 양국 국민이 정치적으로, 또 정서적으로 아직도 거리가 있다는 뜻이기도 하고, 미래지향적이어야 할 양국 관계가 아직도 과거를 극복하지 못하고 있다는 뜻이기도 하다.

악순환의 고리, 어떻게 끊을 것인가

그렇다면 오늘날의 한일 관계는 어떻게 관리해야 할 것인가? 오늘날의 한일 관계에는 악순환이 작용하고 있는 것처럼 보인다. 정부 간의 관계 악화는 국민 간의 감정 악화로 발전하고, 후자는 또 정치 지도자들로 하여금 강경한 자세를 견지하도록 만든다. 이러한 양국 관계의 악화는 두 나라를 위해서는 물론, 아시아 지역과 세계 전체를 위해서도 이롭지 않은 일이다. 무엇보다 심각한 것은, 좋으나 싫으나 앞으로 계속 이웃으로 살아가야 할 두 나라의 젊은 세대들이 상대방에 대하여 혐오와 반감을 가진다는 사실이다. 일본에서는 부분적이나마 '혐한' 운동까지 일어나고 있다. 그나마 한국에 아직은 '혐일' 운동이 눈에 띄지 않는 것이 다행스러운 일이다. 상황이 이대로 계속될 수는 없다. 그렇게 만들어서도 안 될 것이다.

양국 지도층은 문제의 본질을 인식해야 할 것이다. 그들은 비전과 용기가 부족한 탓에 대중의 정서를 올바른 방향으로 이끌지 못하고 있다.

한일 관계는 악순환의 늪에서 어떻게 벗어날 수 있을 것인가? 한일 관계 개선은 두 나라 국민 모두에게 이익이 되는 것이며, 이를 위해서는 모든 사람 특히 지도층의 역할이 중요하다. 이와 관련하여 '무엇을 하지 않느냐' 하는 것이 '무엇을 어떻게 하느냐' 하는 것과 마찬가지로 중요하다고 생각한다.

첫째, 양국 지도자들은 상대방이 도발이라고 생각하는 행동과 언사를 자제해야 할 것이다. 그 행동의 정당성 유무(有無)에 상관없이 야스쿠니 신사참배와 같이 상대 국가에 도발적으로 보일 수밖에 없는 행동은 상대국 강경 세력의 입장은 강화시키는 반면, 한일 관계의 증진을 위해 노력하는 사람들의 입장은 오히려 약화시키는 결과를 가져올 것이다.

둘째, 양국 지도자들은 양국의 얼어붙은 관계를 해빙하기 위해 상대방이 선행 조건을 충족시켜 주기를 기다리는 대신 먼저 화해의 제스처를 취해야 할 것이다. 그들은 상대방의 정치적 한계와 요구 사항을 인식하고 배려해야 할 것이다. 상대방의 행동과 언사에 대한 도덕적 또는 선(善)과 악(惡)의 평가를 하기보다는 의견이 다를 수 있다는 점을 수용해야 할 것이다.

영어에는 'Agree to disagree(의견을 달리한다는 점에 의견을 같이한다)'라는 표현이 있다. 설득할 것은 설득하고, 협상할 것은 협상하고, 합의하지 못할 것은 이견(異見)으로 남겨둔다는 뜻이다.

셋째, 한국이 일본을, 일본이 한국을 생각할 때 '일본은 이렇다', '한국은 저렇다' 하고 일반론화(generalize)하기 전에 상대국은 '복수(複數)'라는 사실을 의식해 달라는 것이다. 이 표현은 내가 만든 것이 아니고 일본을 잘 아는 한국의 원로 언론인 권오기(權五琦) 선생이 아사히(朝日) 신문의 와카미야 요시부미(若宮啓文) 씨와 대담한 내용을 담은 《한국과 일본국》이라는 책에 나오는 말이다. 일본에서는 소위 '혐한'의 표현과 운동이 나타남과 동시에, 그에 반대하고 그것을 비판하는 표현도 많이 볼 수 있다. 한국에서도 한일 관계의 후퇴를 우려해서 한국 정부의 좀 더 전진적인 자세를 주문하는 사람들이 많이 있다. 양국은 서로 양국 관계에 긍정적인 인사들의 입지와 입장을 부양(浮揚)시키기 위해 노력할 필요가 있다. 넷째, 위와 같은 맥락에서 양국의 언론과 지식인들은 상대방의 편협한 국수주의적 입장이나 행동에만 관심을 집중시킬 것이 아니라, 합리적이고 양심적이고 건설적인 생각을 하는 인사들에 대해서도 관심을 기울일 필요가 있다. 상대방의 국수주의에 초점을 맞출 때 한일 양국 간의 정서가 첨예하게 대립하고, 이는 오히려 국수주의자들의 입장을 도와주는 결과를 가져올 수도 있다.

다섯째, 한국은 일본과 상충하는 이해관계도 갖고 있으나 공유하는 이익의 범위가 경제, 외교, 안보, 사회 등의 분야에서 매우 넓고 깊다. 일본은 아직도 한국의 제3위 무역 상대국이며 일본의 투자, 기술 협력, 하이테크 부품 조달 등은 한국의 산업활동에 불가결한 요소다. 안보 면에서는 북한의 전반적인 위협, 특히 북핵 문제와 관련해서 한일 간의 긴밀한 공조가 절실하게 요구되고 있다. 한일 관계의 재정상화(再正常化)로 서로 존중하고 받아들이며 협력하는 이웃 나라가 되어야 하겠다.

여섯 번째, 일본이 국제적으로 책임 있는 나라로 인정받고 보통국가가 되는 목적을 달성하기 위해서는 전후 유럽에서와같이 가장 가까운 이웃 간에 과거사를 완전히 청산하고 화해와 협력 관계를 수립하는 것이 필수적이다. 한국과 화해를 못 하면서 어떻게 일본이 보통국가를 바라볼 수 있겠는가? 주변국이 받아들이지 못하는 상황에서 어떻게 유엔 안보리 상임이사국이 되기를 기대할 수 있겠느냐는 의문이 제기될 수밖에 없다. 미국의 경제학자 조지프 슘페터(Joseph Schumpeter)는 역사적인 격세유전(atavism) 현상을 경계했다. 과거의 잘못을 세대를 걸러서 저지를 수 있다는 것이다. 일본의 정치이론가 마루야마 마사오(丸山眞男) 교수는 과도한 민족주의의 위험을 경계했다.

끝으로, 한국과 일본은 공히 젊은 세대에 대해서 더 많은 기대를 하고 더 많은 관심을 가져야 할 것이다. 그들은 세계화된 세계에서 기성세대보다 월등히 재능 있고, 개방적이고, 자신감이 넘치며 활력 있는 세대다. 그들은 오늘의 한일 관계에도 커다란 영향을 줄 뿐만 아니라, 앞으로의 한일 관계를 만들고 짊어지고 나갈 사람들이다. 일본의 동북부 지역에 대지진과 쓰나미 재해가 있었을 때 지원에 앞장섰던 것도 한국의 젊은이들이었다. 일본 젊은이들은 좀 더 개방적이고 세계화된 사람들일 것으로 기대한다. 양국의 젊은이들이 서로 긍정적이고 우호적인 태도를 갖게 될 때 앞으로의 한일 관계는 밝아질 것이다.

북한은 어려운 경제 사정 속에서도 핵무기와 미사일 개발에 박차를 가하고 있다. 이미 농축 우라늄 프로그램을 공개했고 핵실험을 지속적으로 감행하고 있으며 HEU(고농축 우라늄)에 의한 핵무기 프로그램도 선언했다. 이는 일본과 한국뿐 아니라 동아시아지역 안보에 커다란 위협이 되고 있다. 동시에 북한에 급변사태(contingency)가 발생할 가능성도 배제할 수 없다. 이러한 위협과 급변사태에 대응하고 대비하기 위해, 더 나아가서는 예기할 수 없는 한반도의 통일에 대비하기 위해서라도 한일 간의 긴밀한 협조와 공조는 필수적이라고 하겠다. 양국은 또한 재해 관리, 핵 안전, 환경 문제, 문화 및 인적 교류, 경제 활성화, 에너지 문제 등에 있어 협력하기를 약속했고 이러한 약속 이행에 주력해야 할 것이다. 동북아시아 공동체 구축 문제에서도 한일 양국은 양자 차원에서, 또 다자 차원에서 서로 긴밀히 협의하고 협조할 필요가 있다. 한일 양국은 경제, 안보, 정치적으로 다대한 가치와 이해관계를 공유하고 있다.

여기에 양국의 지도층 인사들이 중요한 역할을 해야 한다. 그들이 한일 관계의 밝고 생산적인 현재와 미래를 위해 앞장서야 할 것이다. 이제 양국 정부는 대승적인 시각에서 한일 관계를 바라보고 관계의 악화가 양국에 어떠한 불이익을 주느냐의 공리적인 계산을 초월하여, 그것이 앞으로도 계속 이웃으로 살아가야 할 두 나라의 구성원들에게 어떠한 의미가 있을 것이냐 하는 역사적인 판단이 있어야 할 것이다. 선택은 자명하다. 한일 두 나라는 편협한 민족주의와 비생산적인 갈등과 경쟁에서 벗어나 서로를 포용하고 협력과 상호의존 그리고 교류와 통합의 관계를 발전시켜야 할 것이다.

한중일 세 나라 관계에 대한 제언

문화적으로, 지리적으로 가까운 한·중·일 3국은 오늘날 두 개의 상반된 방향으로 움직이고 있다. 그 하나는 협력과 통합의 방향이고 또 다른 하나는 갈등과 분열의 방향이다.

통합으로의 움직임은 3국 사이에 증대하는 경제적 상호의존성, 그에 동반하는 협력의 필수성, 확대되는 민간 사회의 네트워크와 인적교류 등에 의해 동력을 받고 있다. 그러나 유감스럽게도 한·중·일 3국은 그보다도 더 강력한 요인들—민족주의적 감정, 과거의 부담 그리고 지정학적 이해타산과 안보적 고려가 지배하는 정책—에 의해 갈등의 길을 가고 있다.

북핵 문제

한·중·일 3국은 모두 북한이 비핵화되는 것을 원하고 있으나 그것을 어떻게 달성하느냐 하는 목적과 방법에는 생각을 달리하고 있다. 중국은 북한의 비핵화를 원하고 있으나, 이와 동시에 한반도에서의 급변

사태와 무력 충돌을 우려하고 있다.

일본은 북한의 핵무기와 운반수단 개발에 위협을 느끼면서 그것을 미국과의 동맹 강화, 일본의 군사력 증강의 이유와 명분으로 삼고 있다.

한국은 북핵으로 어느 나라보다도 큰 위협을 느끼고 있으며, 그 이유는 한반도에서의 세력균형의 변동, 지역에서의 핵무기 확산 가능성, 무력 충돌 가능성 그리고 대규모 핵 참사의 가능성 때문이라고 하겠다.

이러한 3국의 일치하지 않는 목표와 접근 방식은 한·중·일 3국뿐 아니라 미국을 포함하는 4국 관계에도 어려움과 갈등 요인을 제공하고 있다.

공동 운명의 3국

역사적, 문화적으로 한·중·일 3국은 공유하고 서로 주고받은 것이 많다. 중국은 한국과 일본에 문자를 주고 유교적 전통을 제공했으며 일본은 19세기 이후 경제 발전과 공업화(industrialization)의 모범과 진로(path)를 보여주었다. 한국은 중국으로부터 문화적 혜택을, 일본으로부터 경제 발전 방법의 혜택을 받았고, 중국과 일본 간의 교량과 소통의 역할을 해왔다. 한·중·일 3국은 경제적으로 뿐만 아니라 문화, 기술, 환경, 자원 등의 비정치적 분야에 있어서 서로 협력하고 교류, 유대함으로써 상호 얻을 수 있는 이득이 막대하다. 동시에 그러한 기능적, 비정치적 교류는 궁극적으로 정치적 갈등을 완화하고 극복하는 데도 도움이 된다고 할 것이다.

세 가지 제안

따라서, 한·중·일 3국의 관계를 더욱 생산적이고 평화적이고 과실 있는 것으로 만들기 위하여 다음의 세 가지 방안을 제안한다.

첫째는, 3국 관계에서 정치적인 문제와 비정치적인 문제를 분리하는 것이다.

둘째는, 3국이 상호 관계에 있어서 과거보다는 미래지향적이 될 것을 제의한다.

셋째는, 3국 관계에 있어서 한·중·일 삼국은 특히 젊은 세대, 청소년 세대 간의 우호와 교류, 협력을 강화할 것을 역설한다.

과거에, 중·일, 한·일, 한·중 관계에 있어서 '정경분리'라는 말을 많이 들었다. 정경분리란 말 그대로 정치와 경제를 분리한다는 뜻이다. 국가 간 관계에서 협력 사업을 정치, 군사적 문제와 연계하지 않고 분리하여 추진한다는 것이며, 이것은 정치적, 군사적, 안보적 관계가 좋고 나쁜 것에 상관없이 특히 민간 차원의 경제 교류와 협력을 차질 없이 지속해서 추진하는 것이 상호 이익에 부합한다는 인식에서 출발한 방안이다.

정치·비정치의 분리

우리는 정경분리에서 더 나아가 정치와 경제뿐 아니라 정치와 비정치, 즉 경제, 문화, 기술, 환경, 재해극복, 인적 교류, 자원 등 각각의 기능적 분야별로 교류 협력을 분리할 필요가 있다.

첫째, 교역 문제와 관련하여, 한·중·일 3국은 세계 경제의 20퍼센트, 아시아 GDP의 70퍼센트를 차지하며 그들은 각자 양자 간 교역에서 상호 간에 1위 또는 1위에 가까운 위치를 차지하는 무역 상대국일 뿐만 아니라 3자 간 무역은 전 세계 무역량의 18% 이상을 차지하는 거대한 무역 군(群)이라고 볼 수 있다. 이러한 3국은 CJK(China, Japan, Korea) 3자 자유무역협정(FTA)과 역내포괄적경제동반자협정(RCEP, Regional Comprehensive Economic Partnership) 협정을 논의하고 있다.[1] TPP(Trans-Pacific Partnership)에서 미국이 탈퇴했으나 결국은 중국과 한국도 그것에 가입하여 한·중·일이 공동의 이익을 추구할 것으로 예상할 수 있다. 지금 논의하고 있는 FTAAP(Free Trade Area of the Asia-Pacific – 아시아태평양 자유무역지대)에도 3국이 같이 참여할 수 있기를 기대한다.

둘째, 재정적인 협력과 인프라(infrastructure) 투자와 관련해서는 중국이 주도하고 있는 AIIB(Asian Infrastructure Investment Bank)에 한국은 이미 주요 멤버로 참여하고 있으며 일본도 머지않은 장래에 가입할 것으로 기대할 수 있다. AIIB가 ADB(Asian Development Bank)와 경쟁 관계가 아닌 협력자 관계로 발전할 때 한·중·일 3국이 동북아 지역뿐 아니라 아시아 전 지역의 인프라 구축과 재정 안정에 크게 기여할 수 있을 것이다. 악화되어 보이는 미국과 중국의 갈등으로 한, 미, 중,

---

[1] 2020년 11월 15일, 한국, 중국, 일본, 호주, 뉴질랜드 및 아세안 10개국의 15개국이 RCEP 결성에 조인하였다.

일 4개국을 포함하는 소다자(mini-mutilateral) 협력이 더 어려워질 수 있으나 바로 그 이유로 한국과 일본은 양국 간의 관계를 개선하고 4자 그룹 간의 협조와 평화에도 주력해야 할 것이다.

셋째, 한·중·일 3국은 자연재해 대응, 산업 및 핵 대형 사고, 테러 행위, 사이버 공격, 핵확산 방지 등에 서로 협력함으로써 동북아 지역 뿐 아니라 아시아 전체에서의 인간 안보(human security) 증진에도 크게 기여할 수 있을 것이다. 2018년에는 한국에서 평창 동계올림픽이 열렸으며 2021년에는 도쿄 올림픽, 2022년에는 베이징 동계올림픽이 예정되어 있다. 이렇게 한·중·일이 4년에 걸쳐 세 번의 올림픽 게임을 주최한다는 사실은 세 나라의 세계적 위상을 과시하는 것 뿐만 아니라 그만큼 서로 협력하고 화합해야 할 필요가 있다는 점을 강조하고 있다.

넷째, 한·중·일은 환경과 에너지 문제에 있어서 서로 협력해야 한다. 앞으로 3국의 에너지 수요는 기하급수적으로 증가할 것이며 이는 우리가 에너지 개발과 탐색, 확보, 운반, 저장 등에 있어서 협력해야 한다는 것을 의미한다. 핵에너지의 안전에도 협력이 필요하다. 에너지 등 자원 확보와 사용은 환경 보존에도 큰 영향을 주며 오염 방지와 깨끗한 에너지(green energy) 개발에도 3국이 긴밀히 협력해야 한다. 정경분리로 비정치적인 분야로부터 협력의 습관과 규범을 습득할 수 있을 것이다.

인적 교류 면에서 한·중·일 3국은 2015년 기준으로 2,400만 명이 상호 방문했으며 2020년에는 그 숫자가 3,000만이 넘을 것으로 예상되었으나 예기치 못한 코로나19로 인해 그 숫자는 크게 줄어들 것으로 보인다. 그러나 코로나19가 진정되면 교류는 다시 활발해질 것이다. 이러한 인적 교류는 상호 간의 이해를 증진시키고 서로의 문화와 경제를 부유하게 만들어줄 것이다.

미래지향적 관계

필자가 두 번째로 강조하고 싶은 것은 이렇게 깊고 넓은 관계를 가진 3국은 과거에 대한 집착에서 벗어나 미래 지향적인 태도를 가져야 한다는 점이다. 이는 또 우리가 미래에 각국의 운명과 우리 지역의 평화와 협력 그리고 번영을 짊어질 젊은이들이 좀 더 개방적이고 우호적인 태도를 갖도록 유도할 필요가 있다는 것을 의미한다. 이를 위해서는 그들이 자신들 뿐만 아니라 서로에 대해서 더 잘 알고 상호 많은 교류를 가질 필요가 있을 것이다.

한·중·일의 젊은 세대

세 번째로, 한·중·일은 공히 젊은 세대에 대해서 더 많은 기대를 갖고 더 많은 관심을 가져야 할 것이다. 그들은 기성세대보다 월등히 세계화되어 있고, 재능 있고, 개방적이고, 자신감에 넘치고, 활력 있는 세대이다. 그들은 오늘의 3국 관계에도 커다란 임팩트를 줄 뿐만 아니라 앞으로의 관계를 만들고 발전시켜 나갈 사람들이다. 2011년 3월 일본의 동북부 지역에 대지진과 쓰나미 재해가 있었을 때 지원에 앞장섰던 것도 한국의 젊은이들이었다.

오늘의 한류와 K-pop을 키워준 것은 일본과 중국의 젊은 팬들이었다고 해도 과언이 아닐 것이다. 이에 대하여 한국인들은 중국과 일본에 감사의 마음을 갖고 있다. 젊은이들이 서로에게 긍정적이고 우호적인 태도를 갖게 될 때 앞으로의 3국 관계는 밝게 될 것이다.

이러한 여러 가지 노력을 통해 중국, 일본, 한국 세 나라는 편견과 갈등에서 벗어나 협력과 우호, 평화와 공동 번영의 길로 가게 될 것이다.

그러나 유감스럽게도 최근의 조사에 의하면 상호 간의 호감이 줄어들고 적대감이 늘어가는 추세가 관찰된다.

미국에 대한 우호적인 감정은 일본이나 중국에 비해 더 높은 것으로 나타났다. 우호감은 2015년의 77.3%에서 2020년의 63.7%로 13.6% 낮아졌고 적대감은 2015년 4.8%에서 10.2%로 늘었다.

일본에 대한 우호감은 2015년의 17.3%에서 2020년 9.9%로 감소했고 적대감은 같은 시기 58.8%에서 71.9%로 증가했다.

중국에 대해서는 우호감이 2015년 50.0%에서 2020년 20.4%로 감소했고 적대감은 같은 시기 16.1%에서 40.1%로 증가했다.[2] 이 숫자들은 여론조사 실시와 전후하여 부각된 현안들의 추이를 반영한 것이므로 장기적 추세로 간주할 수는 없다. 그러나 어쨌든 바람직한 결과라고 받아들일 수는 없다. 국민들이 서로에 대해 갖는 감정이 우호적인 것이 되도록 각국 간의 관계를 개선하고 평화 지향적으로 이끌어가야 할 것이다.

---

2 중앙일보, 2020년 7월 6일, p. 1

6

한국, 어디로 갈 것인가

21세기 동북아의 질서 개편과
한국의 선택

누가 강자인가

20세기 말, 소련이 와해되자 서방에서는 미국을 중심으로 하는 '단극체제(unipolar world)'를 구가하고 이념적 대립과 경쟁이 지양되는 '이념 투쟁 역사의 종말'에 대한 기대와 예상이 세계의 대세를 이루게 되었다. 이러한 세계 질서의 변화에 따라 아시아, 특히 동북아의 국제 질서에도 변동이 불가피하게 되었다. '21세기 동북아의 질서 개편과 한국의 선택'은 시의성(時宜性) 있고 중요한 주제인 것은 사실이지만 상황이 변수가 많고 가변성이 크기 때문에 쉽지 않은 주제임에는 틀림없다.

먼저 용어 설명으로 시작하면 우리는 '재편'과 '개편'의 차이가 있음을 알 수 있다. 재편은 구조적 재편성을 의미한다. 그 예로 세계 체제가 양극(兩極) 체제인가, 다극(多極) 체제인가, 또는 극이 없는 무극(無極) 체제인가의 질문과 관련된 문제이다. 개편은 힘의 위계질서를 말하는 것이다. 예컨대 어느 나라가 패권적 국가인가? 그다음으로 강한 국가(들)는 어디인가 등의 질문을 다루는 문제이다. 이는 '힘의 분포(distribution of power)'를 내포하는 질문이다.

이는 여러 가지 의미를 갖는다. 예컨대,

1. 나라의 힘의 비교 - 누가 강하고 누가 약한가?

2. 누가 누구의 편인가? - 세력 균형이 있는가? 어느 쪽이 강한가?

3. 힘은 어떻게 분포되어 있는가?

4. 동맹권(예컨대 20세기 후반의 미국을 중심으로 한 NATO, 또는 소련을 중심으로 하는 바르샤바 동맹권)들이 있는가?

5. 그들은 세력의 평형(Balance of Power)을 이루고 있는가? 아니면 확실한 우월의 차이가 있는가?

6. 그러한 세력 균형은 멤버들이 들락날락하고 수시로 편을 바꾸는 역동적인 것인가(17, 18세기의 유럽에서와 같이), 아니면 비교적 고정적인가(20세기 후반 양극체제와 같이) 등의 질문이 제기될 수 있을 것이다.

현재(21세기 초)의 국제적 세력 질서(International Order)는 단일과 다극 체제가 혼합된 속에서 세력 (불)균형 체제(미국 + 미국과의 동맹국들, NATO, 한·미, 미·일, 미·호주 등과 그 밖의 국가들 대(對) 중·러 등의 느슨한 연합)와의 불균형 체제라고 말할 수 있을 것이다. 전에는 '비동맹권'이라는 말도 썼지만, 요즘은 그런 말이 없어진 지 오래되었다. 그 이유는 동맹권(同盟圈)이 명확하게 규정되는 양극화가 차츰 해체되어 왔기 때문일 것이다.

동북아의 세력 분포를 보면 미국과 일본, 한국과 미국이 각각 양자 동맹 관계에 있고, 중국과 러시아가 느슨한 연합관계, 북한이 후자 쪽에 어느 정도 얹혀 있는 상황이라고 하겠다. 또한 해양국가 세력(Maritime) 대 대륙 세력(Continental)의 경쟁 양상이라고도 볼 수 있다.

정치학자 케네스 왈츠(Kenneth Waltz)는 권력관계가 비교적 단순한 양극 체제에서 전쟁의 가능성이 적다고 분석했다. 중국이 부상하여 미국과 양강(兩强) 구조를 이루면서 두 개의 함정(trap)이 기다리고 있다. 투키디데스(Thucydides)와 킨들버거(Kindleberger) 함정이 그것이다.

1) '투키디데스 함정'은 하버드대학의 그레이엄 앨리슨(Graham Allison) 교수가 사용하기 시작한 표현으로서 현재 미국과 중국과의 경쟁관계를 2,500년 전 스파르타와 아테네의 경쟁에 비유한 것을 말한다.

기원전 5세기, 기성 강대국인 스파르타를 중심으로 하는 펠로폰네소스 리그(Peloponnesos League)와 부상하는 도전 세력인 아테네를 중심으로 하는 델리안 리그(Delian League)와의 관계에서 전쟁(펠로폰네소스 전쟁 431-404 BCE)이 불가피했다는 것이다.

2) '킨들버거 함정': 역시 하버드대학의 조지프 나이(Joseph Nye) 교수가 붙인 이름으로 MIT의 경제역사학자 킨들버거(Charles Kindleberger)가 새롭게 부상 세력이 질서 유지를 위한 의지와 리더십을 발휘하지 못할 때, 예컨대 1920년부터 1930년대 미국이 세계 질서 유지에 책임을 맡지 않고 국제기구 결성에 부정적이었듯이 중국이 무책임하게 행동하는 것을 우려하는 것을 비유한 표현이다.

앞의 두 가지 '함정(陷穽)'을 종합하면 현재 아시아에서 다음의 현상을 상정해 볼 수 있다.

- 중국의 영향력(경제력, 군사력)이 증대하고 있고 이러한 굴기(崛起, 솟아남)는 영토 확장을 기도하고, 대국 행세하는 것을 고무하고 있다.

- 북한에 핵무장 기회를 주고 이것은 미국의 무력 대응(시위, 공격 가능성, 무력 사용 위협, 심지어 공격)을 우려해야 하는 상황을 초래하고 있다.

- 미국의 힘의 우위(경제적, 군사적)는 적어도 당분간은 지속될 것이다.

- 중국에 대한 미국의 견제와 협력 정책은 계속될 것이다. 중국은 계속해서 부상하고, 미국에 대한 견제와 도전 정책을 지속할 것으로 예상된다.

- 미일 동맹 강화, 북한의 핵무장은 일본의 군사화 명분을 제공함으로써 일본의 보통국가화(普通國家化)를 예상할 수 있다.

- 동북아시아의 군비 경쟁이 조장된다.

- 한국은 미·중을 상대하는 데 있어서 두 나라 사이에서 샌드위치가 되는 정책 딜레마에 부닥칠 가능성이 크다.

- 중국과 러시아의 '밀월관계' 및 공조관계가 계속되고, 그들은 대미 공동 견제 세력으로 작용할 것이다

- 북한의 주변국 및 미국에 대한 핵 위협은 계속될 것이다 - 북한 비핵화에 대하여 미국과 중국의 적극적인 공동 대응은 어렵게 되고 북한은 그 틈새를 이용하여 핵무기와 미사일(장·단·중거리) 개발을 계속할 것이다.

- 세력 재편의 변수는 여러 가지가 있으나 그중 지도자 변수도 중요하다. 2020년 현재, 특히 다음 다섯 사람의 역할이 중요하다고 하겠다.

1. 미국의 트럼프(2021년 1월부터 바이든 대통령)
2. 중국의 시진핑
3. 일본의 아베
4. 러시아의 푸틴
5. 북한의 김정은

미국(트럼프)의 전략

- 미국이 상대적으로 후퇴하고 중국이 약진하는 상황에서 트럼프 는 2016년 MAGA(Make America Great Again, '미국을 다시 위 대하게 만들자')라는 구호를 활용하여 대통령에 당선되었지만, 집 권 후 세계의 리더십을 포기함으로써 트럼프가 MAGA가 아닌 MCGA(Make China Great Again, 중국을 다시 위대하게 만들자) 에 기여한다는 비판을 불러오고 있다.
- 트럼프는 동맹국(영국, 프랑스, 캐나다, 호주 등)들과의 알력을 조 장하고
- 파리기후변화협약에서 탈퇴하는 등 세계주의(globalism)에서 멀 어지고
- TPP(Trans-Pacific Partnership)에서 탈퇴하는 등 다자주의(multi- lateralism)에 등을 지고
- 예루살렘을 이스라엘의 공식 수도로 인정함으로써 미국을 중동 에서는 물론 세계에서 고립시키는 결과를 가져왔다(이 문제와 관

련해서 유엔에서는 영국, 프랑스, 독일, 이탈리아, 스웨덴 등이 공동 반대 성명을 발표하였다).

- 트럼프는 김정은과의 어린아이들 같은 말싸움으로, 북미 관계를 치킨게임(chicken game: 어느 한쪽이 양보하지 않을 경우 양쪽이 모두 파국으로 치닫게 되는 극단적인 게임이론) 수준으로 격하시켰다.

- 트럼프는 오바마의 '아시아 회귀'(Pivot to Asia) 정책에서 사실상 고립주의로 선회했다.

- 국무부를 약화시키고 소프트파워(soft power: 설득과 매력을 통해 원하는 것을 얻는 능력)를 무시하여 정책의 난맥상을 보여주었다

- 혹자는 트럼프의 정책을 '미국우선(America First)' 주의로써 '미국 홀로(America Alone)' 상태로 인도하였다고 혹평한다.

- 아시아에서 외교적으로는 일본과 밀접하게 연합하고, 중국과 거래(핵 문제, 교역 문제 등)하고, 러시아와 협력을 추구하려 노력했으나 국내적으로 러시아와 공모한 혐의로 러시아와의 화해 협력이 어렵게 되었다.

- 북한의 비핵화(구체적으로는 미국 공격 가능한 장거리 미사일에 적재된 핵탄두 제거, 방지)를 최우선의 목표로 삼았다.

- 일방주의(unilateralism); 원원이 아닌 제로섬 게임(zero-sum game); 금전적 이해관계(monetary profit) 우선; 인류 공동의 보편적 이익 무시(인권 문제, 기후변화, 환경보호, 세계의 비핵화

등); 이상주의(인권, 환경 등) 등 세계주의(globalism)를 외면했다.

- 2018년 8월 8일 트럼프의 '화염과 분노(Fire and Fury)' 발언으로 미국은 북한과의 말싸움 경쟁, 치킨게임, 상대방 자극하기 경쟁에 들어갔다.

- 2019년 서울 동계올림픽을 계기로 세 차례의 트럼프-김정은 정상회담이 열렸으나 북한 비핵화와 관련해서는 아무런 성과도 얻어내지 못하였다.

- 2017년 9월 3일 북한은 핵(자칭 수소탄)실험을 하고 75일간의 소강상태 후 11월 29일 최대의 ICBM을 발사했다.

- 트럼프는 유엔을 통한 제재 강화를 시도했다.

- 미국은 동해와 동아시아 지역에서 미 항공모함 3척이 동시에 훈련하는 등 무력시위를 단행했다.

- 2019년 대규모 연합 공군훈련(Vigilant Ace)에서는 F-22, F-35, B-1B 등 230기 참여로 대규모 무력시위를 벌였으나 북한의 반발만 초래했다.

- 트럼프는 전쟁 가능성을 강조하여 한반도 위기가 다시 고조되었다.

- 과거에 클린턴, 오바마 대통령은 북한 비핵화에 비교적 소극적으로 대처하여 미국이 '전력을 기울이는(all-in)' 모습을 보여주지 못했다.

- 부시 대통령은 노무현 대통령과 정상회담을 할 때마다 "미안하지만 우리는 북한 핵 문제보다는 이란 핵 문제를 더 심각하게 생

각합니다."라고 말하곤 했다. 오바마의 전략적 인내(Strategic Patience)도 사실상 북핵에 대한 소극적 정책에 불과했다. 현재는 미국 본토를 핵 공격할 능력을 가지게 됨으로써 북한이 최우선적인 위협으로 부상했다.

- 미국이 대화 정책에서 압박(제재), 봉쇄(Containment) 정책으로 회귀하는 모습을 보이고 있다.
- 미국의 대응은 '억지'(Deterrence: 무력 보복; MAD(Mutually Assured Destruction=상호 확증 파괴)와 '방어'(Defense: 미사일 방어, 전자교란, 발사, 조종, 운행 등)의 쌍두마차로 북핵에 대응하는 정책으로 회귀하고 있는 것으로 보인다. 확대 억지 정책(일명 핵우산 정책)은 유지될 것으로 예상된다.
- 미국이 말하는 '모든 옵션'이란 군사 공격은 물론 협상도 포함되는 개념이다.
- 미국의 선제공격이나 예방 전쟁은 북한의 ICBM이 확인되고 위험이 임박해질 때, 미국이 심각하게 고려할 수 있을 것이다.
- 트럼프의 충동적, 비합리적 반응, 정치적 고려를 우선하는 태도는 한국 등 동맹국들에 우려 사항이 아닐 수 없다.
- 우리 정부는 미국의 대북 무력 사용에 대한 거부권(veto)을 갖는다고 말하나 미국은 이를 시인하지 않고 있다.
- 미국(괌이나 하와이) 본토나 해외 주둔 미군(한국, 일본)이 공격당하면 한국의 동의에 상관없이 북한을 공격할 것(핵 또는 재래식으로)이라는 것이다. (전 주한 미군 사령관 버웰 벨(Burwell

Bell), 제임스 서먼(James Thurman) 등의 발언 참조).

- 이렇게 여러 가지 방법에 따른 미사일 방어도 강구하지만 무력 사용도 계획하고 있는 것으로 보인다. 미국 CIA는 북한이 2022년 내로 미국 본토를 타격할 수 있는 ICBM을 보유할 것이라고 경고한 바가 있다. 따라서 선제공격(preemptive strike) 또는 예방전쟁(preventive war) 등 미국의 본격적 무력 행사 가능성이 제기되고 그것이 한국은 물론 세계의 우려 사항이 되고 있다. 공격을 하면 초기에 핵무기를 사용하는 미사일 기지에 대한 정밀 타격(surgical strike)이 될 가능성이 크다.

- 2017~2018 2년간 미국 조야에서는 전쟁 가능성 증가의 논란이 확대되고 있었다. '선제공격해야 한다', '미군 가족을 대피시켜야 한다' 등의 이야기가 나오고 있었다. 이것이 북과 중국을 자극하기 위한 것인가, 아니면 미국이 실제로 무력 사용을 계획하기 때문인가에 대한 의문이 제기되었다.

- 트럼프 대통령이 국내 정치와 연계해서 행동할 가능성도 우려되었다.

- 이렇듯 트럼프는 그의 발언에도 불구하고 미국을 국내외적으로 약화시키는 역할을 하는 것으로 보였다. 그는 미국과 동맹국과의 관계를 약화시켰다. 그는 인종주의에 편승하는 모습을 보임으로써 국내 여론을 분열시켰다. 그는 세계의 환경, 인권, 세계화에 역행함으로써 미국을 고립시켰다. 그는 진실되지 않은 발언을 남발함으로써 대통령 자신은 물론 미국 정부와 정부 기구들의 신뢰성

을 돌이킬 수 없을 정도로 상실시켰다.

- 이러한 트럼프의 실정(失政)은 미국의 국력 하강에도 영향을 주어 상승하는 세계의 단일 강대국 지위를 상실하고 중국과 함께 사실상 세계의 양대 강국(G2) 중 하나로 전락했다.

시진핑(習近平)의 정책

- 북핵 문제에 있어 미국과 거래하고 실익을 챙긴다(어느 정도 미국에 협력하고 대신 교역, 환율 조작 문제 등에서 미국의 불만을 잠재운다).
- 중국 주도의 '신 실크로드 전략'인 일대일로(一帶一路) 정책을 적극적으로 추진하여 아시아에서 아프리카에 이르기까지 중국의 영향력과 관계를 확대하고, 경제적 이득을 취한다.
- 한국에는 압박정책을 쓰고, 일본에는 벨벳장갑(velvet glove) 정책(비교적 부드러운 정책으로 나가 경제적 이득을 취하는, 실용적이고 기회주의적인 대외 정책)을 추구하는 것으로 보인다.
- 서해에서는 중국의 해군 활동을 확대, 강화하고 활발한 군사훈련도 행함. 예를 들어 2017년 12월, 토고(Togo) 상선이 인천 소청도 남서쪽 공해상에서 침몰했을 때, 재빠르게 군함을 보내 구조 작업을 하고 우리 해군에게는 일이 다 끝났으니 접근할 필요 없다고 통고한 바 있다.

중국은 북핵 문제에 모호한 태도를 보이고 있으나 한·미의 요구나 압박이나 요청이 아니더라도 자신들의 이익을 위해 북한의 핵 보유와 미사일 개발을 막고 비핵화를 실현해야 한다.

중국이 북한의 핵무장을 방지하는 것은 중국이 미국이나 일본 한국 등에 특혜를 주거나 양보를 하는 것이 아니다.

북한의 핵 무력이 중국의 이익에 부정적인 이유는 다음과 같다.

- 한국, 일본 등의 핵무장 가능성을 크게 함.
- 한·미·일 동맹을 강화, 한국과 일본에 고고도 미사일 방어체계, 즉 사드(THAAD, Terminal High Altitude Area Defense) 등 방어 레이더나 무기를 배치함. 일본의 이지스(Aegis)함 지대공 미사일(SM-3) 장착함.
- 북한이 중국 전역을 핵 공격할 수 있는 능력을 갖게 됨.
- 핵 시설, 무기 등의 사고 가능성. 핵실험의 진동은 두만강 이북 국경지대에서도 감지됨. 2017 북한의 핵실험 시에 길림성에서는 대피 훈련까지 강조한 바가 있음.
- 미국의 전략 자산(Strategic Asset)인 핵 잠수함, 항공모함, B-1, B-2, B52, F-22, F-35, 이지스 함대 등의 한반도 주변 진출; 엑스밴드(X-band) 등 각종 레이더를 일본에 설치함.
- 일본, 한국 등에 대한 미국의 첨단 무기 판매(트럼프의 정책으로 한국에 핵 잠수함, 일본에 순항 미사일 판매 가능성)
- 핵전쟁 가능성이 증가한다.

- 그런데도 중국은 북한에 대한 강력한 제재(制裁)에는 제동을 거는 입장을 취하고 있다.
  1) 북한과 거래하는 회사, 기관에 대한 제재(Secondary Boycott)에 반대하고
  2) 북한과 교역하는 국가에 대한 제재에 비협조적이고
  3) 석유 공급 제한을 충실히 이행하지 않았다.

중국은 한국의 사드 설치에 강력히 반대하고 있다. 그러나 실제로 사드는 중국에 직접 안보 위협이 되지 않으며 중국이 위협으로 생각하는 엑스밴드(X-Band) 레이다는 이미 일본(교토현의 교카미사키, 아오모리현의 시리키)에 배치되어 있다. 일본 함정(이지스함) 등에도 중국을 감시할 수 있는 강력 레이더가 설치되어 있다. 중국은 일본에 대해서는 미사일 방어 시스템 등에 크게 반발하지 않으나 한국에 대해서는 사드 배치에 대한 경제 제재를 감행하였다.

사드의 레이더는 고공으로 진입하는 탄도탄을 방어하기 위한 것이지 지상의 군사시설을 탐지하기 위한 것이 아니다. 중국이 우려하는 지상 시설 탐지는 미국의 인공위성, 항공기, 함정, 일본의 레이더 시스템 등으로 더 멀리, 더 정확하게 탐지할 수 있다.

이러한 상황에서 중국은 한국에 압력을 가하여 2018년 '3불 입장'(사드의 추가 반입 없음, 한미일 동맹 지양, MD 체재 불가입)을 이끌어냈다. 이것은 중국이 한국에 대하여 과잉 반응하는 것으로 볼 수 있다.

중국은 특히 한, 미, 일 등의 다자 동맹 결성과 한국의 미사일 방어

(MD) 체제 가입에 반대하는 입장을 가지고 있다. 중국은 한국으로부터 '3불 입장'을 얻어냄으로써 다음과 같은 일석이조(一石二鳥)의 효과를 얻을 수 있다고 생각할 것이다.

 1) 앞으로 한국의 미, 일과의 동맹 행보를 제약함.

 2) 한국에 중국의 이익에 반하는 정책을 추진하면 불이익이 있다는 '교훈 주기'. '교훈 주기(teach a lesson)'는 중국의 전형적인 정책 패턴 중 하나이다.

 한국이 얻은 것은 무엇인가? 사드의 현상(이미 배치된 것)을 기정사실로 만들고 중국의 묵시적 용인(容認)을 받음에 따라 경제 관계를 어느 정도 정상화하였다.

 중국은 왜 2017년 대북 안보리 제재안에 동의하였나? 중국이 안보리 제재안(예를 들어 UNSC Resolution #1097, 2017년 12월)에 찬성한 이유는 다음과 같다.

 1. 북한에 대한 결정타는 아니다(석유 수출 제외, 북한의 인력 수출 유지, 2차 보이코트(Secondary Boycott) 제외).

 2. 미국에 대한 생색 내기, 즉 제재 이행 과정에서 북한을 봐줄 수 있다고 생각하였다.

 3. 북한에게 주는 메시지는 중국이 북한에 대한 지렛대를 확보하고 있다는 것이었다.

 4. 끝으로 중국은 미국의 대중 무역 압력에도 불구하고 대북한 제재를 완전하게 이행하지 않았다.

아베 총리의 북핵 정책

1) 김정은(북한)의 핵 위협을 이유로 일본은 '보통국가화', 군비 강화, 무기 현대화를 추진할 구실을 얻게 되었다.

2) 미국의 대변인을 자처해 중국과 경쟁 상대가 되는 것.

3) 미국과의 동맹을 통하여 미국의 무기 구매, 작전 공조를 꾀한다.

4) 지휘체제 및 정보 협조를 확보한다.

이들을 좀 더 세부적으로 설명하면 다음과 같다.

- 군비확장 - 핵 잠수함, 장거리 미사일(토마호크 순항 미사일 포함), 이지스(최신예 포함 6척에서 8척으로) 함정단의 강화.

- 일본으로서 미사일, 핵무기 생산도 사실상 준비는 되어 있는 상태이다.

- 안보 면에 있어서 한국과의 공조를 강조하면서도 대중, 대북, 대미 정책에서 북한에 대하여 더 강경한 정책을 선택함으로써 차별화를 기할 수 있다.

푸틴 대통령의 북핵 정책

1) 미국과 북한 간의 갈등에서 어부지리를 취한다.

2) 중국과 연합하여 미국을 견제한다.

3) 그러나 중국의 일대일로 사업에는 미온적이다. 중국의 사업이 러시아 정책에 장애가 될 수 있기 때문이다.

4) 한반도와 관련하여

　　(1) 유엔 안보리 상임이사국 지위를 이용하여 영향력을 행사함으로써 경제적 이득을 확보한다.

　　(2) 러시아의 존재감을 확인한다.

김정은 북한 노동당위원장의
핵 정책 목표

1) 북한은 2017년 9월 3일 이후 75일간 핵실험, 미사일 발사 등에 있어 비교적 자제하는 모습을 보였다.
2) 그러나 실제로는 같은 해 11월 29일의 '화성 15호' 대륙간탄도미사일 발사 준비와 효과를 극대화하기 위한 것이었다.

북한 핵무장의 일차적 목적은 다음과 같다.

1) 정권 유지 - 이라크(사담 후세인)나 리비아(무아마르 카다피)의 전철을 밟지 않을 것.
2) 핵 군축(핵 대 핵) 협상: 평화협정, 주한 미군 철수, 한미 군사훈련 중단 또는 축소를 요구한다.
3) 미국의 확장 억지(extended deterrence) 정책 의지를 약화시킨다.
4) 국내적으로 정치적 입지를 합리화하고, 지위와 이미지를 강화한다.

5) 대남 군사적 우위를 확보하고 궁극적으로는 북한 주도 통일을 이룩한다.

6) 화성 15호 발사로 핵보유국 지위를 주장함으로써 협상의 우위 확보를 기도한다. 김정은이 '핵 무력의 완성'이라고 자축한 것은 미국과 협상할 준비가 되었다는 의미라고 보는 시각도 있다.

7) 단기적으로 미국 트럼프 대통령의 정치적 이해관계를 이용하여 양보를 얻어낸다. 즉, 미국과 협상하여 미국이 북한의 '핵 보유 현상(Nuclear Status Quo)'을 인정하고 북한이 ICBM 개발을 유보하는 거래를 할 가능성이 있다.

8) 군사적 현상을 유지하면서 핵 무력 증강을 기도한다.

북한 관련 가능한 시나리오 및 정책 의도

1) 김정은 정권의 교체(Regime Change), 또는 붕괴.

2) 남북한 또는 미국과의 군사적 충돌 → 전쟁 가능성(제한전쟁 또는 전면전쟁): 김정은도 미국의 전면적인 공격을 받지 않는 군사적 도발을 계산하고 있을 것으로 보인다.

3) 미국의 국력을 분산시킴으로써 중미 경쟁에서 중국에 유리하게 작용하도록 미국의 입지를 약화시킨다.

4) 일본의 군사력 증강에 명분과 이유를 제공한다.

5) 미국의 확장 억지 의지에 대한 의구심 유발(일본, 한국), 조장

6) 한미 간 신뢰 관계를 시험하게 만든다.

7) 한국 국내 여론(대북 및 대미 정책에 관한)의 분열을 시도한다.

8) 북한과 미국의 '쌍방 중단' 합의 가능성은 상존한다. 즉, 북한은 핵 활동을 임시로 동결하고, 미국은 미국의 무력시위와 한미 군사 훈련을 중단한다는 내용 등이다.

9) 협상의 문을 열어두나 제재의 끈을 최대한 조이는 것 - 현재의 정책

10) 장기적으로는 억지와 봉쇄 병행(Deterrence and Containment-냉전 시 미국의 대소련 정책과 비슷한 것이다)을 상정해 볼 수 있다.

11) 무조건적 대화 재개('유화파'들의 주장이다)

한국이 나아가야 할 방향

위에서 살펴본 중국, 일본 그리고 러시아는 모두 한국으로서는 다루기 힘겨운 상대들임에 틀림없다. 그중 중국, 러시아, 북한의 집권자는 장기 집권을 예상하므로 장기적인 시간 프레임의 정책을 구상할 수 있다는 점이 특기되어야 한다.

1) 미국과는 동맹국, 중국과는 우호국 관계를 유지한다.[1]

   균형 외교(한국식)는 미국과 안보·군사 면에서 협력하고, 경제 면에서는 중국과 활발히 협력하는 것이다. 중국과는 경제교류를 계속하며 무력을 사용하는 분쟁을 피하고, 군사·안보 면에서 미국에 적극 협조하고 밀착하는 편향외교를 계속한다.

2) 남북한 관계와 북핵 문제에 있어서는 압박과 협상 정책을 병행한다. 평화와 북한 비핵화를 동시에 추구한다.

---

[1] 현 시점에서 미국 및 중국과 동시에 좋은 관계를 유지하고 있는 나라는 싱가포르라고 하겠다. 싱가포르가 어떻게 미·중 양국과 우호적인 관계를 유지하는가에 대한 설명은 『싱가포르 성공의 50가지 비결(토미 코 지음, 안영집 옮김』 (피와이메이트, 2020), p.345-350 참조.

3) 한일 관계에 있어서 안보와 경제 협력의 관계 회복이 필수이다. 안
   보협력은 어느 정도로 할 것인가? 지소미아(GSOMIA) 등 정보협력
   을 포함한 한·미·일 3자 안보협력에는 인색하지 말아야 할 것이
   다.

4) 미국의 확장 억지(extended deterrence)를 유지해야 한다. 전략무
   기, 즉 F-22 스텔스 전투기, B-2 스텔스 폭격기, B-1B 전략폭격기,
   B-52 전략폭격기, 핵 잠수함, 항공모함 등의 순환/항시 배치.

5) 한국의 균형 외교, 사드 등과 관련한 NCND(neither confirm, nor
   deny), 즉 긍정도 부정도 아닌 모호한 정책 등에 대한 비판이 있
   다. 그 내용은 다음과 같다.

   1. 한국은 밀면 후퇴한다는 인상을 주는 것이며

   2. 대북 압력 수위를 높일 사드와 같은 한국과 미국의 전략 수단
      을 무력화했다는 것.

   3. 미국의 서울에 대한 의구심(중국 편향에 관한)을 싹트게 했다
      는 것.

   4. 일본과의 협조를 어렵게 만들었다는 것 등이다.

6) 북한 핵무기의 완전 포기, 즉 완전한, 검증 가능한, 불가역적인 핵
   폐기(CVID Complete, Verifiable, Irreversible Dismantlement)는
   당분간 불가능할 것이다. 그러므로 북한의 핵 활동 동결이 긴급하
   다.

7) 북한은 핵무기와 미사일로 정권 붕괴 방지가 불가(소련은 수천 개
   의 탄두 보유 불구, 내부로부터 몰락)하므로 미국과의 협상으로

핵무기, 미사일을 제한하는 것이 유리하다는 것을 설득해야 한다.

8) 미국의 한반도에 대한 확장 억지 지속 전망(그러나 이를 위해서도 미국과 밀접한 동맹 관계 유지가 필요함)

9) 중국은 북한의 비핵화를 위하여 어느 정도의 협조는 제공할 전망이다.

10) 한국과 일본은 핵무장으로 가는가? 현재로서는 한국 정부는 부정적이며, 일본은 미지수라고는 하나 이미 50톤에 가까운 플루토늄을 보유하고 있으며 반년 내 수십 개, 차후 수백 개 또는 그 이상의 핵무기 생산도 가능하다.

11) 미국이 북한 핵무기를 용인하는 협상을 하거나 북한의 핵 보유가 영구화되면 한국과 일본도 핵무장의 길로 갈 가능성이 있다. 미국도 트럼프가 계속 집권했다면 이를 용인했을 가능성이 있었다.

12) 한국 자신의 핵무장이나 전술핵무기 도입이 현재는 실현이 어려운 상태에서 미국의 확장 억지 정책을 지지하고 지원해야 한다. 전략자산 순환배치 내지 항시 배치 등. 유럽식 전술핵무기(항공기 탑재) 공유체제 채택을 도입하는 것을 고려해 보아야 할 것이다.

13) 한미동맹을 유지, 강화하면서 중국과의 관계를 유지, 개선하는 노력을 해야 한다.

14) 필요한 것은 실용적인(이념, 감정, 편견 지양) 정책, 현실적인 정책, 합리적인 정책이다.

15) 한국은 중·장기적으로 다음 상황의 가능성에 대해 대비해야 할

것이다.

(1) 글로벌 리더십 부재(G-제로)

(2) 동북아에서의 본격적 G-2(미·중) 체제 전개

(3) 중국이 글로벌/지역적 리더로 부상

(4) 동북아의 중·일 G-2 가능성

(5) 한반도 통일에 대한 계획과 준비 계속

7

정치가인가, 사업가인가

트럼프 외교의 교훈과 경종

트럼프의 비외교적 외교

2006년 2월 나는 고려대학교에서 정년 퇴임하면서 '외교란 무엇인가'라는 제목으로 고별 강의를 하였다. 강연에는 학생들뿐 아니라 외부에서도 소식을 듣고 많은 분들이 청강하러 오셔서 자리를 빛내주셨다.

30여 년간 대학에서의 연구와 강의 그리고 수년간 외무부 장관과 주미 대사로서의 실무 경험을 토대로 준비한 고별 강연에서 다음의 다섯 가지 포인트를 결론적으로 강조하였다. 첫째, 외교관은 거짓말을 하지 말고 신뢰받는 언행을 할 것, 둘째, 감정, 이념, 정치적 이해관계를 떠난 실용적인 외교를 수행할 것, 셋째, 협상에서는 한편이 승자가 되고 다른 한편이 패자가 되는 제로섬 게임(zero-sum game)보다는 양자가 이익을 볼 수 있는 윈-윈 게임(win-win 또는 non-zero-sum game)이 되도록 할 것, 넷째, 외교관은 자국의 이익을 추구하되 전 세계적, 나아가 인류 전체의 이익을 도모하도록 할 것 그리고 마지막으로, 그러한 외교가 국내적으로 언론과 정치권은 물론 많은 국민들의 이해와 지지를 얻을 수 있도록 노력할 것 등이었다.

그러나 그 후 10년의 시간이 지난 2016년 미국에서 황당한 일이 벌어졌다. 억만장자를 자처하는 도널드 트럼프라는 부동산 업자가 대통령이라는 외교의 막강한 권한을 갖는 자리를 차지하고 비외교적, 비상식적 외교를 4년째 펼치고 있는 것이다. 외교 현장에서 내가 강조하였던 다섯 가지 원칙에 모두 어긋나는 외교 행보를 취하고 있다. 미국 대통령이라는 위상에 어울리지 않게 주로 트위터를 통한 그의 발언은 신빙성이나 일관성이 결여되었고, 대부분의 정책은 자신의 정치적 이해관계에 의해 결정되기 일쑤였다.

트럼프의 외교와 관련된 언동은 심사숙고와 심층적 논의의 결과라기보다 자신의 정치적 지지 기반 인구에 영합하는 것을 주된 목적으로 하는 충동적·본능적 대응에 불과했다. 또 트럼프는 자신이 거래(deal making)의 최고 명수라고 자처하며 모든 협상을, 상대를 패배시키고 자신을 승자로 만드는 연출로 간주하였다. 결과적으로 승패가 애매할 때도 자신이 승리하고 상대방이 졌다고 선언하는 행태를 보였다. 그 한 예가 2018년 겨울 사실과 다르게 ISIS를 완전히 멸망시켰다고 선언하고, 시리아에서 2,500여 명의 미군을 당장 완전히 철수하겠다고 선언한 것을 들 수 있다. (심지어 대선 후에도 패배를 인정하지 않는 태도로 일관하고 있다.)

트럼프는 UN 등 다자기구, 북미자유무역협정(NAFTA, North American Free Trade Agreement), TPP 등 다자합의에 부정적인 입장을 취하고 결국은 이들 협약에서 탈퇴하였다. 나아가 세계적 공동이익을 추구한 파리기후협약, 이란과 6대 강국(러시아, 중국, 미국, 프랑스, 독일)

이 맺은 비핵화 협상에서도 탈퇴하는 결정을 내렸다.

대부분의 미국 지식층과 전문가들은 이러한 대통령의 외교 행태에 망연자실하여 '트럼프는 외교라는 예술을 말살했는가?(Has Donald Trump Killed the Art of Diplomacy?)'라는 글까지 나오기에 이르렀다. 실제로 트럼프는 대다수 국가가 수백 년 동안 지켜온 외교의 격식과 규범과 금기를 깨뜨리고 있다. 그의 외교는 예측을 불허하며, 합리성과 상식이 결여된 행보를 취하기 때문에 미국의 동맹국들이 미국 정부를 불신하고 불안감을 갖게 하는 결과를 가져왔다.

트럼프의 비전형적 외교는 외교를 공부하는 학자나 전문가들에게도 기존의 외교에 관한 이론과 분석 방법의 적실성과 효과에 대한 의문을 품게 하고 사태 진전과 앞날에 대한 예측을 어렵게 만들어주었다. 특히 그것은 한국의 안전과 평화 유지에 절실하게 필요한 북핵 문제의 해결과 한미동맹의 장래에 대한 분석과 예측에 커다란 지장을 주었다. 트럼프는 그의 실정과 코로나 바이러스 대응의 악수(惡手)들로 인해 2020년 11월 3일 재선 시도에 실패하여 대통령의 직에서 퇴출되었다.

트럼프 대통령의 외교 행태

트럼프의 외교 행태에는 수많은 실수와 패착(敗着)이 있으나 아래 주요한 것들만 간단히 정리해 본다.

1) 정치적 이해관계 우선

어느 나라를 불문하고, 또 지도자가 누구냐에 상관없이 외교는 국내 정치와 불가분의 관련성을 갖는다. 크게 보아 외교와 국내 정치는 세 가지 영역에서 상관관계를 갖는다.

첫째, 외교는 국내 정치에 의해 많은 제약을 받는다. 예컨대, 한국 정부는 과거 식민지 시절 일본의 종군 위안부 문제나 한국민의 징용 문제에 대하여 일본의 '반성과 사과'를 받아내야 한다는 이념적인 방향에 집착하기보다는 현실적 이해관계를 계산하여 좀 더 관대하게 처리하는 것이 유리할 것이다. 그러나 국민의 감정과 정서를 감안하면 강경하게 나갈 수밖에 없는 입장이 되기 일쑤이다.

둘째, 국내 정치는 특정한 외교 행태의 동기가 될 때가 자주 있다.

특정한 정책이나 조치를 취함으로써 국내 정치의 어려운 고비를 넘기는 계기가 될 수도 있고 국민의 관심과 비난에서 벗어나는 기회가 될 수도 있다. 심지어 꼭 필요하지 않은 전쟁을 유발함으로써 국민과 정치권의 비판적 관심을 대외관계로 돌리는 계기를 만들 수도 있다.

셋째, 미국과 같은 다원적인 사회에서는 특정 집단에 유리한 정책을 취함으로써 그들의 몰표를 얻어낼 수 있다. 예컨대 트럼프는 2019년 3월 20일 이스라엘이 1967년 이래 52년간 점령해 온 골란고원을 이스라엘의 영토로 인정한다는 포고문에 서명함으로써 외교적인 손실에도 불구하고 정치적인 이득을 취하는 정책을 택하였다. 이스라엘이 1967년 전쟁 때 시리아로부터 전략적으로 골란고원을 점령하였을 때 UN과 세계의 주요 국가들이 그 합법성을 인정하지 않았다. 트럼프의 행동에 대해 유엔과 유럽연합 국가들은 물론 미국의 동맹국인 일본도 골란고원에 대해 이스라엘의 주권을 인정하지 않는다는 입장을 발표하였다.

트럼프의 골란고원 결정의 동기는 정치적인 것이었다. 2020년의 대선에서 트럼프는 선거의 결과를 좌우할지도 모를 플로리다주의 선거인단 (29명) 가운데 보수적 유대인의 투표를 차지하기 위해서는 이러한 비합리적인 정책 결정이 필요하다고 판단했을 것이다.

2) 예측 불가의 외교

미국의 대통령 중에는 외교에 있어서 자신의 정책과 행동에 예측성이 있어야 한다고 주장하는 사람들이 있는 반면 예측성이 없어야 한다는 사람들도 있다. 전자 중의 한 사람은 오바마 대통령이다. 그는 예측이 가능해야 적대국들이 금지선(red line)을 넘지 않고, 우방국과의 협력이 용이하다고 주장한다. 후자 중의 한 사람은 닉슨 전 대통령이다. 그는 "대통령의 예측 불가능성(unpredictability)이야말로 강대국의 지도자가 가질 수 있는 최강의 무기이다. 예측이 불가능하지 않다면 그가 가진 힘의 상당한 부분을 잃게 될 것이다."라고 언급했다.

트럼프의 외교는 두 가지의 이유로 우방이나 적대국에게 그의 행태를 예측하기 어렵게 만든다. 하나는 그가 심사숙고한 결과가 아니고 충동적, 또는 본능적으로 중요한 결정을 내리기 때문이다. 그는 전문가들이 열심히 준비한 브리핑 자료를 읽지도 않는 것으로 알려졌고, 결정하기 전에 가까운 보좌진뿐만 아니라 주요 동맹국과 협의도 하지 않는 것으로 유명하다. 트럼프는 2018년 6월 싱가포르에서 북한의 김정은과 '역사적인' 정상회담 후 기자회견 자리에서 한미 합동군사훈련을 중지하겠다는 엄청난 발표를 하였다. 이 역시 보좌관들과 동맹국이며 당사국 중의 하나인 한국과도 사전 협의가 없는 결정의 결과였다.

트럼프가 자신의 행태를 예측 불가능하게 만드는 두 번째 이유가 있다. 트럼프는 본인 말로 상대방에게 자신의 결정을 예측할 수 없게 하려고 일부러 자신의 계획이나 상대방이 넘지 말아야 할 금지선을 설정하지 않는다고 공언하였다. 자신이 어떻게 나올 것인지를 상대방이 예측하지 못하게 함으로써 상대방의 행동을 더욱 위축시킨다는 것이다.

3) 주고받는 거래를 위한 외교(transactional diplomacy); 금전적 이해관계를 우선시하고 국가의 전략, 세계의 보건 문제(코로나바이러스

등), 평화, 환경 이슈 등에 등한하다.

4) 다자적 외교(Multilateralism)에 부정적이다. UN, TPP, NAFTA를 경시하거나 탈퇴하고 세계기후협정, WHO(세계보건기구) 등에서 탈퇴했다. 북핵 문제 해결의 공로를 독점하려는 욕심으로 다자 및 소다자(mini-multilateral) 협상을 회피함으로써 타국의 역할을 배제했다.

5) 신뢰와 진실을 경시했다. 미국의 워싱턴 포스트는 트럼프가 취임 후 31개월 동안에 2만 번 이상의 거짓말이나 진실과 실제에서 먼 사실을 발표하였다고 지적하였다.

6) 민주적 지도자(프랑스, 캐나다 호주 등)에게 무례하고, 독재자(푸틴, 김정은, 시진핑, 사우디 왕세자 등)에게 호의를 베푼다.

7) 세계적 선(善), 보편적 가치(인권, 환경 등)를 경시하고 '지구온난화는 거짓이나 사기'라고 하였다.

8) '미국우선주의(America First)'를 주장함으로써 공동의, 상호의 이익을 경시 내지 무시하여 동맹국과의 균열을 초래하였다.

9) 정치적 이해관계 우선: 특히 주요 외교 사항을 2020년 11월 미국 대통령선거에서의 본인의 이해관계에 부합하도록 처리하였다.

10) 국정과 자신의 금전적 이해관계를 연계, 부패(corruption)에 가까울 정도로 대통령직을 치부에 이용하였다.

11) 실재하지 않는 외교적 지렛대를 조장하여 상대방과의 거래에 활용함. 예컨대 취임 후 대만 정부를 인정하는 듯한 인상을 주어 하나의 중국을 주장하는 중국의 양보를 얻어내려 하였다. 한국에는 주한 미군의 축소나 철수를 무기로 분담금의 대규모 증가를 요구하고 있다.

12) 외교적 협상에서 불리한 결과에도 '승리'를 선언하여 국민을 오도하고 국내외적으로 미국 정부의 신빙성을 훼손하고 있다.

앞에서 지적했듯이 트럼프의 외교와 관련된 언동은 심사숙고와 심층적 논의의 결과라기보다 자신의 정치적 지지 기반 인구에 영합하는 것을 주된 목적으로 하는 충동적, 본능적 대응에 불과했다.

트럼프의 비전형적 외교는 외교를 공부하는 학자와 전문가들에게도 기존하는 외교에 관한 이론과 분석 방법의 적실성과 효과에 대한 의문을 갖게 하고 사태 진전과 앞날에 대한 예측을 어렵게 만들어주었다. 특히 그것은 한국의 안전과 평화 유지에 절실하게 필요한 북핵 문제의 해결과 한미동맹의 장래에 대한 분석과 예측에 커다란 지장을 초래하고 있다.

이러한 상황에서 우리는 트럼프의 외교 행태가 정상적인 외교와 어떻게 다른가를 점검하고 그것이 한반도의 앞날에 어떠한 영향을 줄 것인가를 예상해 볼 필요가 있을 것이다

트럼프 대통령의 외교 행태의 두 가지 비건설적 특성이 한국처럼 미국과의 협조와 공조를 필요로 하는 동맹국들의 외교를 특히 어렵게 만든다. 그 첫째는 한국 정치인들이 트럼프의 외교를 국내 정치에 활용하는 데 아무런 거리낌을 느끼지 않는다는 사실이다. 두 번째는 트럼프가 자신의 외교적 비예측성을 하나의 중요한 전술적 무기로 생각하고 있다는 점이다.

트럼프의 예루살렘 선언

트럼프는 2017년 12월 6일 예루살렘을 이스라엘의 수도로 공식 인정한다고 발표함으로써 70여 년에 걸친 미국의 대중동 정책을 뒤집는 결정을 단행했다. 또 이스라엘 주재 미국대사관을 텔아비브에서 예루살렘으로 이전할 것을 지시했다. 이전까지 이스라엘 주재 외국 대사관은 대다수가 예루살렘이 아닌 텔아비브에 있었다.

예루살렘은 우선 기독교, 이슬람교, 유대교의 성지이다. 기독교의 메시아인 예수가 십자가에 못 박혀 죽은 곳도, 이슬람교의 예언자 무함마드가 승천했다는 곳도, 유대교의 성전이 있었던 곳도 바로 예루살렘이다. 이 때문에 이 지역은 끊임없는 논란의 중심에 섰다.

특히 제2차 세계대전 이후 팔레스타인 지역에 이스라엘이 건국되는 과정에서의 충돌이 심했다. 국민 대부분이 이슬람교를 따르는 팔레스타인과 유대교를 따르는 이스라엘이 성지 예루살렘을 두고 소유권을 주장했기 때문이다. 영토 분할 당시 양측은 UN 중재 평화 조약을 맺고 차후에 최종 결정을 내리기로 했다. 따라서 예루살렘은 지금껏 국제사회에서 팔레스타인의 소유도 이스라엘의 소유도 아닌 땅으로 인정받고 있다.

트럼프는 "미국의 전 대통령들은 공약을 지키지 않았다. 하지만 나는 오늘 지키겠다."라면서 미국의 친이스라엘 유대계 유권자들에게 추파를 던졌다. 국제적으로 트럼프의 '예루살렘 선언'은 미국을 더욱 고립

271

시키는 결과를 가져왔다.

실제로 트럼프는 미국 대통령의 막강한 권한을 사려 없이 휘두르면서 세계의 외교에 커다란 혼란을 야기했다. 그는 개인적인 기호에 좌우되는 인사정책, 사려 깊지 않은 홍보 행태(예컨대 트위터를 남발하는 등), 일관성 없고 사려 깊지 않은 정책 행보들을 통해 미국 자신의 이익에 커다란 손실을 끼쳤을 뿐 아니라 한국과 나토 회원국들을 포함하는 미국의 전통적인 동맹국들에도 상당히 어렵고 난감한 상황을 초래하였다. 위에 기술한 몇 가지 트럼프의 특징적 행태를 훑어보아도 그의 외교가 얼마나 미국과 그 동맹국들 그리고 세계 전체에 외교적 손실을 초래했는가를 알 수 있다.

이렇듯 트럼프는 역대 어느 미국 대통령보다도 비외교적 외교를 펼침으로써 미국이 국제적으로 쌓아온 신뢰성과 지도국적인 자질을 일거에 파괴시킨 바 있다.

이 시점에 트럼프가 세계의 외교적 판세에 얼마나 오랫동안 영향을 줄지, 또한 그가 조성한 외교의 뉴 노멀(New Normal)이 얼마나 갈지, 또 그것을 극복하는 데 얼마나 걸릴 것인지는 예측하기 어려운 것이 사실이다. 그러나 한국을 비롯한 미국의 동맹국들은 개별국으로서는 물론 집단적으로도 협력하여 이러한 외교의 뉴 노멀을 극복하고 정상적인 세계를 구축하기 위해 전력을 다해야 할 것이다.

8

좋은 대화는
어떻게 가능한가

외교, 대화의 예술

좋은 대화는 어떻게 가능한가

인간이 짐승과 다른 것은 말로써 생각을 전달할 수 있기 때문이다. 인간은 개인으로서, 또는 조직과 단체 간에 대화를 한다. 말은 혼자서 하는 독백(monologue)이라는 것도 있지만, 대개는 두 사람 또는 그보다 여러 사람이 하는, 상대가 있는 대화(conversation)인 것이 보통이다. 그런데 대화를 하고 나서 당사자들의 기분이 좋고 대화자들 간의 관계가 더 좋아질 수도 있지만, 기분도 상하고 관계도 악화되는 경우도 많다.

대화를 생산적으로 하고(대화의 목표를 달성하고) 대화자 간의 관계를 더 좋게 만드는 방법은 무엇인가? 그것은 대화를 하는 상황과 대화의 목표 그리고 대화자들의 성격에도 좌우되겠지만, 대화를 어떻게 하느냐에 따라서도 결과가 많이 달라질 수 있다고 하겠다. 같은 조건을 가지고 대화를 어떻게 성공적으로 이끌 수 있을까를 생각해 보는 것이 이 글의 목적이다.

19세기 말에 한국을 방문했던 한 외국인은 한국인들의 특징 중의 하나가 길거리에서 많이 싸운다는 것이라고 지적했다. 길거리에서 싸우는 것은 외국에서도 볼 수 있는 일이지만, 특히 한국인이 많이 싸우는 것은 사실인 듯 하다. 요즈음은 조금 적어진 것 같아도 수년 전까지만 해도 지하철 안에서도 싸우고, 운전자 간에도 싸우고, 시장의 상인들 간에서도 싸움이 잦았다. 친구나 가족 간에도 언성을 높여서 다투는 경우가 많다. TV 드라마나 영화에서도 싸우는 모습을 자주 볼 수 있다. 국회의원들도 폭력을 행사하고 막말을 하는 데에는 예외가 아니다. 말싸움이든 몸싸움이든 싸움이 잦은 민족으로 보인다.

한국인은 다른 나라 사람들보다 싸움을 더 많이 하는 것이 사실인가? 그렇다면 그 이유는 무엇인가? 한국인들이 대체로 성질이 급하고 감정을 억제하지 못하고 다른 사람들이 자신을 경시하는 듯한 태도를 용납하지 못하는 것은 사실인 듯하다. 오래 전 영국의 런던과 한국의 서울에서 똑같은 상황에 영국인과 한국인이 어떻게 대조적으로 반응하는가를 경험한 일이 있다. 런던에서 택시를 타고 가는데 다른 자동차가 깜빡이도 안 켜고 차선을 바꿔 택시 앞으로 끼어들었다. 그러자 이 영국 택시 기사는 조용히 혼잣말로 "Your signal light ain't working(당신의 신호등이 고장 났네요)"라고 중얼거렸다. 서울에서 같은 일이 있었을 때 한국의 택시 기사는 창문을 열고 "야, 이 새끼야! 너 죽고 싶어?" 하고 소리를 질렀다. 다행히 싸움으로 이어지지는 않았으나 상대방이 이 소리를 들었다면 가만있지 않았을 가능성이 크고, 운전사들이 길 한복판에 차를 세우고 또 하나의 길거리 싸움으로 이어지기 쉬웠을 것이다. 두 나라 국민이 타인의 불쾌한 행동에 대조적으로 대응하는 것을 여실히 보여주는 사례였다.

한국인이 다른 나라 사람들보다 싸움을 많이 한다면 거기에는 역사적이고 문화적인 근원이 있을 것이다. 아마도 한국은 외부의 침략을 많이 받았고 정신적, 물질적 여유가 없이 살아왔던 것이 이유가 될 수 있을 것이다. 한국인은 어쩌면 남에 의해 피해를 보며 살고 있다는 피해의식에 젖어 있는 것이 아닌가 싶기도 하다. 우리는 제사를 지내고 조상을 섬기는 예의는 발달했으나 인간과 인간이 수평적으로 어떻게 좋은 관계를 맺고 어떻게 의사소통하느냐의 방법에 있어서는 별로 발달을 보지 못한 것 같다.

그 원인이 어디에 있든 간에 한국 사람이 인내심이 부족하고 싸움을 자주 하는 이유는 무엇보다도 갈등을 대화로 풀 수 있는 능력이 부족한 것과 무관하지 않을 것이다.

대화가 잘 된다는 것은 무엇을 의미하는가? 대화할 때마다 늘 이해득실을 계산하는 것은 아니지만, 이왕이면 대화하고 나서 대화의 목적이나 이유가 무엇이었든 간에 목적을 달성하는 것이 좋을 것이고, 동시에 대화의 상대자와도 좋은 관계를 만들거나 유지하고 신뢰와 호감도도 높이는 것이 바람직할 것이다. 설득할 일이 있으면 설득시키고, 요청이나 부탁을 받는 경우 그것을 들어주지 못하는 경우에도 기분 상하지 않게 거절할 수 있어야 할 것이다. 더 구체적으로는 대화의 목표를 달성하는 것이다.

대화는 의사소통을 하는 데 필수적인 요건이다. 흔히들 영국은 토론의 문화를 가졌다고 한다. 과연 영국인들은 토론을 많이 하고 또 상대방의 감정이나 상호 간의 인간관계를 손상하지 않으면서 토론하는 훈련이 잘 되어 있는 것으로 보인다.

대화가 실질적이고 유용한 것이 되기 위해서는 대화에 참여하는 사람들이 상대방의 기분을 상하지 않게 하면서도 자신이 상대방에게 전하고 싶은 아이디어나 메시지를 정확하게 전달하고 자신이 원하는 것을 설득시키거나 납득시킬 수 있어야 할 것이다.

외교를 위한 대화는 협상을 위한 것이 될 수도 있고, 주어진 문제의 가장 효과적인 해결책을 함께 강구해 내는 브레인스토밍이 될 수도 있을 것이다. 과거 미국과 북핵 문제 대응책을 놓고 한미 간의 대화가 서로 다른 견해를 상대방이 받아들이도록 설득시키고 협상하려는 것일 때도 있었고, 강한 선입견이 없는 상태에서 가장 좋은 방법을 찾아내려는 브레인스토밍이 된 적도 있다.

미국의 인력개발 전문가 랜짓 네어(Ranjit Nair) 박사는 효과적이고 생산적인 대화를 위한 6가지 방법을 제시한다. 첫째, 상대방을 존중하라. 둘째, 상대방의 말을 경청하라. 셋째, 열린 마음을 가지고 대화하라. 넷째, 진솔한 호기심을 갖고 질문하고, 자신의 견해를 피력하라. 다섯째, 현상(status quo)에 집착하지 말라. 여섯째, 시간을 갖고 자신의 관점은 물론 다른 사람들의 의견을 성찰하라.

여기에 필자는 효과적인 외교 대화를 위해 다음 여섯 가지의 태도를 추가로 주문하고 싶다.

첫째, 대화를 독점하여 자신의 말로 대화의 시간을 채우려 하지 말 것. 중언부언하는 것을 피하고 자신의 입장만이 옳고 당위성이 있다고 주장하지 않을 것(no presumption of right or wrong).

둘째. 그러나 자신의 입장이 왜 논리적이고 왜 양측에 다 이익이 되는 것인지를 주장할 수 있는 논리적 근거를 준비할 것.

셋째, 상대방의 의도에 선의와 악의를 전제하지 말 것.

넷째, 상대방의 입장에서 합리적인 것이 무엇이고, 우리가 받아들일 수 있는 부분이 무엇인지를 찾아볼 것.

다섯째, 대화 도중 여러 가지 문제가 거론될지라도 종료하기 전에 중심적인 문제로 돌아와 결론(그것이 안건의 합의이건, 합의가 없다는 합의 이건 간에)에 도달할 것.

여섯째, 외교적 대화는 개인적인 대화와는 달리 상대방도 본국 정부의 지시를 받으며 책임자에게 보고해야 한다는 사실을 명심할 것 등이다.

대화에는 물론 상대방이 있는 것이므로 내 쪽이 아무리 예의가 바르고 합리적이며 논리적이고 대화를 생산적인 것으로 만들려고 노력하여도 상대방이(트럼프처럼) 그렇지 못할 경우 이성(理性)에 부합하는 대화를 진행하기가 어려울 때도 있다. 대화를 깨뜨리지 않는 것이 좋지만, 그것이 불가능할 때는 우리 쪽의 약한 모습을 노정하면서 상대방의 오만과 무지를 방조해 줄 의미나 이유가 없다. 오히려 그러한 저질적 태도를 키워주는 결과가 될 수도 있다. 따라서 대화가 깨지는 일이 있더라도, 전쟁이나 그에 준하는 파국을 가져오는 것이 아니라면, 그것을 감수하는 편이 현명할 것이다. 다만 그러한 결정에 이르는 동안 이성을 지키고, 모든 행동은 냉철한 계산에 바탕을 두어야 할 것이다.

외교를 좌우하는 정상회담

국제적으로 정상회담, 장관회담, 실무자회담 등 공식 대화가 많다. 그중에서도 정상회담은 가장 중요한 것으로 꼽는다. 그러나 정상회담에서 직접 현안을 협상하는 경우는 드물다고 하겠다. 대부분의 경우 공동성명서 등에서 보이는 정상 간의 합의는 대개 사전에 실무자 선에서 논의되고, 협의되고, 합의되는 사항이라고 보면 틀림이 없다.

그렇다면 정상회담의 역할은 무엇인가? 우선 정상회담이 있으므로 해서 실무자 간의 회담이 있게 되고 거기서 안건의 합의가 이루어질 수 있다. 정상회담은 또한 국가 지도자 간의 개인적인 친분을 조성하는 계기가 된다. 과거 이명박 대통령은 부시 미국 대통령이 보는 앞에서 기독교 신자로서 기도하는 모습을 연출하여 부시 대통령의 깊은 신뢰와 친밀감을 얻었다.

정상회담이 있을 때 양국 정상은 우선 상호 간의 인간 됨됨이와 성격, 지식, 지적 능력 등을 가늠한다. 처음 몇십 분 동안의 대화를 통하여 상대방이 얼마나 총명한지, 인내력이 있는지, 추진력과 배짱이 있는

지, 믿을 만한 사람인지, 친분을 가질 만한 사람인지를 판단하게 된다. 그리고 그러한 선입견과 판단을 근거로 상대방 지도자는 물론 국가 전체를 평가하고 정책 결정에 활용한다.

내가 주미 대사로 있는 동안 정상 간의 만남과 관련해 다음과 같은 에피소드를 경험한 일이 있다. 2003년 5월 노무현 대통령이 처음으로 미국을 방문하여 부시 미국 대통령과 비공식 오찬 회동을 하고 있을 때였다. 양국 대통령은 처음 만나는 기회에 서로의 환심을 사려고 애쓰고 있는 터였다. 부시는 노무현 대통령이 미국의 16대 대통령 에이브러햄 링컨을 존경하여 그에 관한 책까지 썼다는 보고를 받고 노 대통령과 링컨에 관한 이야기를 나눈 후였다. 분위기를 부드럽게 하기 위해서였던지 그는 노 대통령에게 좋아하는 스포츠가 무엇이냐고 물어보았다. 서민의 대통령으로 알려진 링컨을 좋아하고 서민의 대통령을 자처하는 노무현 대통령인지라 부시는 아마도 축구, 야구 또는 조깅 정도를 기대했던 것 같다. 그러나 잠시 생각하던 노 대통령은 곧바로 요팅과 골프라고 대답했다. 요팅이라면 미국에서도 부호들이 즐기는 스포츠이고 골프도 서민의 스포츠는 아닌지라 부시는 잠깐 의외라는 표정을 지었다. 그러나 그는 금방 표정을 바꾸며 노 대통령의 좋은 취미를 칭찬해 주었다. 이것은 서로 핀트가 조금 엇나가는 대화였지만 두 사람 관계나 양국 관계에 크게 영향을 끼치는 내용은 아니었다.

그러나 한국과 일본 사이의 관계를 크게 악화시킨 정상회담도 있었다. 2011년 12월 교토에서는 이명박 대통령과 일본의 노다 총리가 1시간가량 정상회담을 하기로 되어 있었는데 여러 가지 이슈가 있었음에도 거의 모든 시간을 종군 위안부 문제에 관한 격론으로 소비했다. 이명박 대통령은 일본이 이 문제와 관련해서 사죄하고 배상해야 한다는 점을 강조하고, 노다 총리는 이 문제는 이미 1965년 한일 국교 정상화 협상으로 해결된 문제라는 점을 고집하였다. 당시에 배석했던 한국 외교관 한 사람은 그 정상회담이 '참사(disaster)'였다고 특징지었다. 결국 정상회담은 위안부 문제 하나 때문에 파탄으로 끝났고 한일 관계도 악화 일로를 걷게 되었다.

존경받는 나라는 어떤 나라인가

국격이라는 말에는 몇 가지 피할 수 없는 아이러니가 따른다. 그중 가장 큰 아이러니는 국격을 높이자고 역설하는 것 자체가 국격이 높지 못한 것에 대한 자격지심의 표현이요, 외부 사람들에게도 국격이 떨어지는 데서 오는 보충 심리의 결과로 비쳐질 가능성이 있다는 것이다. 실체 없는 허언으로 평가될 소지가 있다는 말이다. 이를테면 어느 개인이 '나는 이제부터 나의 인격을 제고하겠소' '내가 이러이러한 조치를 취할 터이니 나의 인격을 알아주시오'라고 한들 그것이 그 사람의 인격을 더 높게 평가해 줄 근거가 될 수 있겠느냐 하는 문제가 있다.

국격에 따르는 또 하나의 아이러니는 국격 높이기의 중요성을 강조하는 것이 비록 스스로 국격의 결핍을 드러내는 행위이기는 하지만, 그것이 그 나라의 품격 고양을 포함한 전반적인 사회 발전에 도움이 되는 것 또한 사실이라는 점이다. 즉, 국격을 강조하는 과정에서 사회질서가 더 잘 정립될 수 있고, 경제력의 증강을 도모할 수 있고, 전반적인 문화 수준도 고양될 수 있고, 외교적 활동과 능력도 배가될 수 있다.

국격에 관한 논의와 국격 제고를 위해 노력하는 과정에서 이와 같은 아이러니가 생기는 이유는 뭘까? 우선 국격을 어떻게 정의하건 간에 국격에는 내실이라는 측면이 있는 반면에 외형적인 측면, 즉 외부에 비치는 이미지라는 측면도 존재하기 때문이다. 게다가 국가의 구성원들이 느끼는 국격과 외국인이 바라보는 국격에도 차이가 나게 마련이다.

우리는 우리나라가 유엔사무총장을 배출하고 정상회의 의장국으로서 국격이 크게 향상되었다고 자부할 수 있다. 그러나 그만큼 내실이 강화되었는지, 외국인들도 어떻게 생각하는지는 별개의 문제다. 과거에 유엔사무총장을 배출한 노르웨이, 스웨덴, 미얀마, 오스트리아, 페루, 이집트, 가나 같은 국가들만 보더라도 그로 인해 국격이 크게 상승되었다고 주장하는 사람은 별로 없다. 정상회의를 주최하는 나라가 된 것도 우리나라의 경제력을 인정받은 증거는 되겠으나, 주최한다는 사실만으로 주최국이 되지 못한 대부분의 참가국보다 국격이 높다거나 높아질 것이라고 다른 나라들이 알아주리라는 보장이 없다. 그렇다면 명실상부한 국격 제고는 어떻게 가능한 것일까?

세계주의적 사고와 박애주의적 행동

우리가 국격을 제고하기 위해 강구할 수 있는 방법 중 하나는 모범을 세우고 그것을 따르는 것이다. 평가 기준에 얽매이지 말고 세계의 여러 나라들 가운데 국격이 높다고 생각되는 나라들을 선정하여, 그들은 가지고 있는데 우리에게는 없거나 부족한 점들을 확인하고 보충하는 작업을 충실히 이행하는 것이다.

세계를 둘러보았을 때 벤치마킹하고 싶을 정도로 국격 면에서 모범을 보이는 나라가 있는가? 그들은 어떤 나라들인가? 강대국인가, 중소국인가? 경제 대국인가, 군사 대국인가? 상업 국가인가, 문화 국가인가? 중립국인가, 동맹 세력인가? 자신만의 실속만 차리는 나라인가, 세계의 평화와 복지 발전에 이바지하는 나라인가?

이렇게 따져보면 세계에서 본받을 만큼 국격 높은 나라를 찾는 일도 쉽지 않다. 이는 우리 주변에서 인격 높은 사람을 찾아보기 어려운 것과 같은 이치다. 그래도 구태여 국격 높은 나라를 꼽으라고 한다면 나는 스웨덴, 노르웨이 그리고 캐나다를 선택할 것이다. 그 이유는 이들 나라가 부유한 나라여서도 아니요, 군사 대국이어서도 아니다. 자기네들이 국격을 높이겠다고 나서거나 자국의 국격을 뽐내서는 더더욱 아니다.

스칸디나비아의 두 나라 스웨덴과 노르웨이는 대외원조에서 선진국이 합의한 GDP의 0.7%를 훨씬 넘는 1.0~1.11% 정도를 매년 지원한다. 지원 규모도 대단하지만, 다른 나라들과 달리 '조건 없이, 생색내지 않고' 다자기구를 통해 지원한다는 면에서 더욱 주목을 받는다. 팔레스타인이나 북한처럼 곤경에 처한 나라들에 대한 국제적 지원 운동이 있을 때는 어김없이 이들 두 나라가 큰 몫을 담당하겠다고 나선다. 심지어 노르웨이는 대아시아 경제협력에 경험이 있다는 이유만으로 미국 기관인 아시아재단을 통해 아시아에 원조를 제공하는 지혜와 여유를 보여준다. 원조하면서 그에 대한 반대급부로 자국의 물품과 서비스 구매 등을 조건으로 내세우는 등 생색을 내는 다른 나라들과 크게 대조되는 모습이다.

캐나다는 유엔 등을 통한 세계의 평화유지 활동, 민주주의와 인권 진작 운동, 국제기구의 활성화, 세계 환경보호 등에 가장 적극적으로 참여하는 나라 가운데 하나다. 1950년 6월 북한이 남한을 침공했을 때, 유엔군의 일원으로 한국전에 참여하는 문제를 놓고 캐나다에서 찬반 논쟁이 불붙었다. 이때 캐나다가 참전하기로 한 가장 큰 이유도 자국의 이해관계가 아니었다는 연구보고가 있다. 발족한 지 얼마 안 되는 유엔이라는 집단안전체제의 수립과 유지를 위한 결단이었다는 것이다. 스웨덴, 노르웨이와 함께 캐나다도 이상주의를 현실주의에 접목하여 세계의 평화와 번영 그리고 정의에 이바지하기 위해 노력을 경주하는 나라임을 알 수 있다.

스웨덴, 노르웨이, 캐나다. 그들은 세계주의적 사고와 박애주의적 행동을 실천적으로 보여주었다. 그것이 이들 나라에 대한 다른 나라들의 존경심을 불러일으키고 자연스럽게 그들의 국격을 높여주었다.

일시적 '운동'에서 꾸준한 '활동'으로

무엇이 국격을 결정짓는가? 스웨덴, 노르웨이, 캐나다에서 확인할 수 있는 것처럼 국제적 이상주의가 중요한 요인임은 틀림없어 보인다. 하지만 그게 다는 아니다. 국격은 어느 것 하나만으로 높아지고 낮아지는 성질의 것이 아닌 총체적 개념이다.

이에 관한 논자들의 시각도 분분하다. 김대중 조선일보 고문은 국격을 좌우하는 결정적 요소를 나라의 '기강'이라고 본다. 그는 "기강이 서 있는 나라는 국격이 높은 나라이고, 기강이 무너진 나라는 국격을 논할 자격도 없다"라고 했다. 지난 몇 년간 EU가 우리나라와 자유무역협정 체결을 위한 협상을 벌이는 과정에서도 '법에 의한 질서의 확립'을 비경제적 전제조건으로 내세운 일이 있다. 유럽 국가들은 법에 의한 질서가 확립되지 않은 나라를 존경받을 수 없는, 즉 국격이 낮은 나라로 여기는 것이다. 이와 달리 에세이스트이자 소설가인 고종석은 '사회정의의 구현'이 국격을 높이는 지름길이라고 주장한다.

국격은 한마디로 정의하기 어렵지만, 누구나 인정하는 속성이 있는 것만은 사실이다. 한 나라를 상징하는 특성이 다른 나라 사람들의 존경을 받을 때 우리는 그 나라의 국격이 높다고 말할 수 있는 것이다.

그렇다면 현실적으로 우리가 국격을 높이기 위해 할 수 있는 일은 무엇일까? 지금 당장 존경받는 나라처럼 할 수는 없는 노릇이다. 그것이 하루 이틀에 이루어지는 일도 아니고 수치로 정확히 측정될 수 있는 성과도 아니기 때문이다. 인격을 수양하듯 긴 시간을 두고 조금씩 쌓아가야 하는 '어떤 것'이기 때문이다. 올바른 교육과 정신적, 물질적 성장을 통하여 성숙한 사회, 성숙한 법질서와 기강이 바로 서 있는 사회, 관용 있고 자유로운 정치체제, 인도주의적 대외관계를 가꾸어나가는 노력이 전제되어야 하는 것이다.

그런데 우리나라는 아직도 국격 높이기를 관료적 이니셔티브에 의존하는 경향이 남아 있다. 서울에서 열리는 정상회의를 앞두고 국격을 높이기 위한 세부 추진과제를 선정하여 시행에 들어간 것 등이 그렇다. 국정의 전 분야를 망라한 과제는 '성숙한 세계 일류 국가'를 목표로

각 부처가 보고한 방안을 국격 태스크포스가 종합한 것이다. 이러한 접근이 도움이 될 수는 있겠지만, 여기에 또 하나의 아이러니가 존재한다. 성숙한 세계 일류국가들은 이러한 방법으로 국격 높이기를 추구하지 않는다. 정부가 계획을 짜고 편달하면서 80개 부문에 점수를 매겨가며 국격을 높이려는 것이 얼마나 효과가 있었는지, 그것이 우리나라가 세계의 존경을 받는 데 과연 도움이 되었는지 의문이다.

국격 제고는 일시적 '운동'보다는 꾸준한 '활동'의 산물이다. '국격을 높이자!' 부르짖는다고 해서 당장 높아지는 것이 아니라, 국격을 높일 수 있는 사고의 혁신과 사회 발전에 전념하는 활동을 꾸준히 전개하는 가운데 국격은 자연히 높아지는 것이다.

바이든 시대, 치유의 시간이 왔다

　민주당의 조 바이든 전 부통령이 2020년 11월 7일(현지 시간) 미국 역사에서 전례를 찾기 어려운 우여곡절 끝에 대선 승자가 됐다. 도널드 트럼프 대통령의 역전승은 없었다. 이번 대선은 바이든이 승리했다기보다 트럼프가 패배한 게 최대의 그리고 유일한 대사건이었다.

　바이든 당선인의 어깨는 무겁다. 대통령에 취임할 땐 79세인 노령의 바이든을 기다리는 것은 트럼프의 4년간의 실정(失政)이다. 이를 만회하며 사라져가던 미국의 영혼을 되살릴 책무가 그에게 떨어졌다. 바이든은 당선 일성으로 "지금은 치유의 시간"이라며 "붉은 주(공화당)와 푸른 주(민주당)를 가르지 않고 미합중국 전체를 보는 대통령이 되겠다"고 말했다.

　미국은 트럼프 4년간 빈부 간, 도농 간, 인종 간은 물론 이념과 세계화, 지구 온난화라는 국제 이슈를 놓고도 갈라진 나라가 됐다. 트럼프는 다민족, 다문화 국가인 미국에서 '아메리카 퍼스트'라는 이름으로 이른바 견용(犬用) 호루라기를 불며 인종 갈등과 반(反)유색인종 정서를 조장했다. 그 기저에는 수 세기에 걸친 과거의 노예제도의 유산이 버티고 있었지만, 변화하고 개방되고 세계화하는 사회인 미국에서 트럼프의 인종 문제에 관한 파괴적 행동과 정책은 그의 임기 중 치유할 수 없는 폭탄이자 고질병이 됐다. 여기에 트럼프는 트위터에 800만 추종자를 거느리면서 무소불위의 권력을 휘둘렀다. 미국의 민주주의가 소멸하는 게 아니냐고 우려하는 사람들도 나오기 시작했다. 민주주의의 요람으로 자처하던 미국에서 민주주의 존속의 우려가 생겨난 것은 커다란 아이러니가 아닐 수 없었다.

취임 이후 바이든의 가장 시급한 임무는 양분된 미국을 하나의 미국으로 회복하는 것이다. 이는 민주주의에 역행했던 트럼프가 끼친 상처를 치료해 민주주의를 회복하는 일이기도 하다. 역설적이지만 바이든 당선으로 미국이 건국 이래 3세기 동안 지켜온 민주주의 원칙과 헌법에 명시된 자유, 평등, 행복을 추구할 권리를 다시 한번 확인하는 계기가 됐다.

바이든은 47년간 상원 외교위원장과 부통령 등 공직을 맡아 외교와 안보에 풍부한 경험과 지식을 갖췄다. 그런 그가 트럼프로부터 물려받은 건 동맹국과의 신뢰 관계를 회복하고 적대국들이 경시 못할 모습을 되찾는 '동맹 관계 정상화'라는 어려운 과제다. 트럼프는 안보 문제를 포함해 모든 외교 사안을 정치적 이해관계로 계산해 결정했다. 특히 2020년 재선에 도움이 되는 일에 집중했다. 이제 바이든은 트럼프가 추락시킨 미국의 위상과 신뢰를 회복하고 국제적 리더십을 복구해야 하는 사명이 있다. 트럼프는 중국과의 관계도 출구 없이 극도로 악화시켰다. 따라서 바이든은 세련된 외교로 미·중 관계에서 균형과 평화적 공존을 추구해야 할 중요한 과제도 떠맡았다. 필자가 아는 바이든과 그의 측근들은 동북아 정세와 한국을 잘 이해한다고 생각하며, 바이든의 대통령 역임은 한·미 동맹의 강도를 한 차원 높여줄 좋은 기회가 될 것으로 예상한다.

트럼프의 대북한 외교는, 많은 양보를 하더라도, 북핵 문제를 해결했다는 생색을 내기 위해 만들어낸 연극에 불과했다. 한국은 여기에서 실속 없는 조역에 만족해야 했다. 트럼프는 불합리한 방위비 분담 등으로 나토 국가들뿐 아니라 한국과 일본 등 아시아 동맹국들과의 관계를 악화시켰다. 결국 트럼프는 동맹국들을 소원하게 만들고 독재자들과 친교를 키웠다. 오바마 행정부에서 국무부 부장관을 지냈던 토니 블링컨이 트럼프 외교는 인물도 과정도 전략도 없다고 비난했던 게 바로 이러한 이유에서였다. 미국에 호의를 갖고 있던 이들에게 에비타의 '아르헨티나여, 나를 위해 울지 말아다오' 대신 "미국이여, 너를 위해 울어주고 싶다"는 심정을 갖게 했다.

바이든은 또 제2기의 창궐 단계에 들어선 코로나바이러스 치료와 방지에 전력해야 한다. 트럼프는 2020년 초 발생한 코로나바이러스가 극히 심각하고 쉽게 확산된다는 정보를 갖고 있었는데도 국민에게 심각성을 숨기고 곧 퇴치될 것이라고 안심시켰다. 그러나 거짓은 만들어낼 수 있어도 사실을 없앨 수는 없다. 2020년 11월 중순 현재 미국에선 하루 확진자가 11만 명을 넘고 있다. 바이든은 약속했던 대로 전문가들을 믿고 그들의 도움을 받아 방역 조치를 철저히 하는 한편 치료제와 백신 개발에 박차를 가해야 한다.

트럼프가 악화시켰거나 도외시했던 지구온난화, 환경, 세계 인권 등에서도 바이든은 미국의 리더십을 되찾아야 한다. 트럼프는 미국을 파리기후협약에서 탈퇴시키고 다자간 교역 협력에 반발해 오바마가 만든 환태평양경제동반자협정(TPP)에서 탈퇴하는 오류를 범했다. 결과적으로 미국은 국제적, 지역적 교역 협상에서 리더십 자리를 내려놓고 중국의 비중을 높여주었다.

무엇보다도 바이든은 트럼프가 등한시했던 국제 전략을 다시 짜고 동맹국들과 공동의 평화 번영 및 안전을 추구하는 국제 환경을 받쳐줄 축을 만드는 데 주력해야 한다. 우리 정부는 바이든 행정부와 긴밀하게 공조하면서 한미동맹을 강화하는 한편, 미국은 물론 우리와 이해관계를 공유하는 주변 및 세계 각국과 함께 다자 안보 협력에도 관심을 가져야 한다. 결론적으로 바이든 행정부는 우리의 성의와 노력에 따라 한국의 안보와 한반도 안정, 나아가 탄력 있는 분단 관리에 더욱 큰 기여를 할 수 있는 마음의 준비가 돼 있을 것으로 판단된다.

한국의 외교가 원활하고 효과적이지 못한 중요한 요인 가운데 하나는 국민과 정치권에 외교가 지향하는 목표가 무엇이며, 어느 방향으로, 어떠한 방법으로 그것을 성취하느냐에 대한 국민적 합의를 결여하고 있다는 점이다.

특히 미국, 일본, 북한, 중국, 러시아 등 주요 국가와의 관계를 어떻게 설정할 것인가 하는 문제에서 진보파와 보수파 간의 간극이 심각하다. 대체로 보수파와 중도파에 속하는 한국인들은 미국, 일본과의 우호적 관계를 선호하고, 진보파에 속하는 한국인들은 미국과 일본보다는 중국에 대해 호의적인 태도를 보이고 있으며, 북한에 대해서는 보수파가 진보파보다 더 경계하고, 심지어 적대적인 태도를 갖고 있다.

따라서 한국은 정권이 바뀔 때마다 근본적인 외교정책에 변화가 오기 일쑤이고, 1990년대 초 이후부터는 대통령의 두 차례 임기인 10년을 주기로 보수와 진보 사이에 이념적 시계추처럼 외교적 성향의 변화가 좌우로 왕복하는 경향을 보였다.

1990년대 김영삼 대통령 시기 한국의 외교정책은 보수적인 성격을 띄었고, 북한에 대해서는 북핵 문제와 남북관계에 있어서 때로는 미국보다도 더 강경한 모습을 보일 때도 있었다. 2000년대에 들어서서 김대중 대통령과 노무현 대통령의 진보적 정권 시기에는 북한에 대하여 온건한, 이른바 햇볕정책에 충실하여 한미 간에 마찰이 빚어질 때도 있었다. 2010년대의 이명박 대통령과 박근혜 대통령 시기에는 박근혜 대통령의 보수 정권답지 않은 친중 제스처로 미국과 국내 보수파의 우려를 초래한 적도 있으나, 대체로 친미 정책과 일본과의 공조 정책을 유지하였다.

2017년 3월 박근혜 대통령 탄핵의 결과로 2017년 5월 집권한 문재인 대통령의 진보 정권은 북한에 대한 화친 정책, 일본에 대한 비 우호적 정책, 중국에 대한 친화 정책을 노골적으로 구사하였으나, 현실적인 이유로 미국과의 협력 관계를 현상 유지하는 방법을 택하였다. 단, 미국이 유지하고 있는 전시 작전통제권의 조기 이양과 북한과의 '종전 선언'을 추진하였으나 미국의 유보적인 입장으로 그 뜻이 의도된 시간 내에 실현되지 못하고 있는 상태이다.

진보와 보수의 교대가 계속 이루어지는 한 한국은 그때마다 정책적인 펜듈럼(시계추) 스윙을 번갈아 경험하며 그에 따른 외교적 혼선을 겪을 수밖에 없을 것으로 예상된다.

한승주

이론과 현장 경험을 겸비한 대한민국 대표 외교인.
1940년 서울에서 태어나 50여 년간 한결같이 외교의 길을 걸었다.
서울대 외교학과를 졸업하고 도미하여 미국 뉴햄프셔대에서 정치학 석사, 캘리포니아주립대(버클리)에서 정치학 박사 학위를 받았다. 이후 미국 대학에서 약 8년, 귀국 이후 30년 가까이 고려대에서 연구하고 학생들을 가르쳤다. 김영삼 대통령 시절에는 외무부 장관으로 정책을 만들고 현장을 지휘했다. 노무현 대통령 시절에는 주미 대사로 격동의 외교 무대에서 직접 선수로 뛰기도 했다. 대학에서 은퇴 후에도 외교에 종사하고 있으니 반세기 경력의 '교수 외교관'이라고 하겠다.
현 아산정책연구원 이사장.
저서로는 회고록 『외교의 길』, 영문 회고록 『On the Brink』, 『동반성장과 한반도 통일』(공저), 『대한민국 국격을 생각한다』(공저), 『남과 북 그리고 세계』가 있다.

한국에 외교가 있는가

초판 1쇄 발행_ 2021년 1월 28일

지은이 한승주
펴낸이 이성수 | **주간** 김미성 | **편집장** 황영선 | **편집** 이경은, 이홍우, 이효주
마케팅 김현관 | **제작** 김주범 | **디자인** 진혜리

펴낸곳 올림
주소 04117 서울시 마포구 마포대로21길 46, 2층
등록 2000년 3월 30일 (제 2020-000185호)
전화 02-720-3131
팩스 02-6499-0898
이메일 pom4u@naver.com
홈페이지 http://cafe.naver.com/ollimbooks

ISBN 979-11-6262-043-4 03340

이 도서의 국립중앙도서관 출판예정도서목록(CIP)은 서지정보유통지원시스템 홈페이지(http://seoji.nl.go.kr)와 국가자료공동목록시스템(http://www.nl.go.kr/kolisnet)에서 이용하실 수 있습니다.(CIP제어번호 : CIP2020055475)